CB010714

Espelho, espelho nosso

HANS JELLOUSCHEK

Espelho, espelho nosso

Encontros e desencontros refletidos em contos de fadas e mitos

Tradução
Karina Jannini

1ª edição

Rio de Janeiro-RJ / Campinas-SP, 2013

VERUS
editora

Editora: Raïssa Castro
Coordenadora Editorial: Ana Paula Gomes
Copidesque: Maria Lúcia A. Maier
Revisão: Cleide Salme e Gabriela Adami
Projeto gráfico de capa e miolo: André S. Tavares da Silva

Título original: *Beziehung und Bezauberung: Wie Paare sich verlieren und wiederfinden, gespiegelt in Märchen und Mythen*

ISBN: 978-85-7686-208-6

Verus Editora Ltda.
Rua Benedicto Aristides Ribeiro, 55, Jd. Santa Genebra II, Campinas/SP, 13084-753
Fone/Fax: (19) 3249-0001 | www.veruseditora.com.br

CIP-BRASIL. CATALOGAÇÃO NA FONTE
SINDICATO NACIONAL DOS EDITORES DE LIVROS, RJ

J49e

Jellouschek, Hans.
  Espelho, espelho nosso : encontros e desencontros refletidos em contos de fadas e mitos / Hans Jellouschek ; tradução Karina Jannini. - 1.ed. - Campinas, SP : Verus, 2013.
  21 cm

  Tradução de: Beziehung und bezauberung: wie paare sich verlieren und wiederfinden, gespiegelt in märchen und mythen
  ISBN 978-85-7686-208-6

  1. Relação homem-mulher 2. Casais - Psicologia 3. Psicoterapia conjugal. I. Título.

12-7648	CDD: 616.891562
	CDU: 615.851-058.833

Revisado conforme o novo acordo ortográfico

Impressão e Acabamento: **Markgraph**

Sumário

Prefácio

O amor já atraiu, encantou, uniu, separou ou reuniu novamente homens e mulheres – muito antes de existir a psicologia, o aconselhamento matrimonial ou a psicoterapia. Portanto, é possível aprender muito sobre o amor com as antigas histórias de nossa tradição, e fico sempre fascinado com a precisão que se reflete aqui daqueles modelos fundamentais aos quais os parceiros de hoje sempre se adaptam quando resolvem passar a vida juntos. Nas imagens e nos símbolos das antigas narrativas ressoam dimensões que ensaios científicos ou manuais práticos e modernos não conseguem captar. Por isso, sempre recorro a essas antigas histórias e sinto-me desafiado a delas extrair o segredo do amor entre homem e mulher. Espero e desejo conseguir transmitir a meus leitores um pouco do encantamento que me toma quando me ocupo dessas histórias ao escrever.

Gostaria de agradecer a todos os casais que sempre confiaram em meu trabalho terapêutico. Sem eles, as histórias presentes nas páginas seguintes não seriam tão claras para mim. Também gostaria de agradecer aos inúmeros leitores de meus livros, que, com suas reações, sempre me motivaram a ousar uma nova tentativa. Agradeço igualmente a Hildegunde

Wöller, da editora, que acompanhou o surgimento deste livro com sugestões úteis. Meu agradecimento vai, sobretudo, a Bettina Otto-Hallmann, que me inspirou em nossas conversas e, de maneira concisa, expressiva e com grande habilidade, resumiu e recontou os contos de fadas e os mitos de que trata cada capítulo.

1

João e Maria

Como os parceiros podem se livrar de um passado ruim

De que trata este capítulo

Os parceiros – ambos ainda muito jovens ou, em todo caso, agindo como tal – são como duas crianças que se perderam. Não conseguem lidar com muitas questões do dia a dia, sentem-se muito frustrados e, como se não bastasse, criticam-se mutuamente por isso. Ele tem a sensação de estar em uma jaula, e ela, de ser obrigada a prestar trabalhos forçados. Como se desvencilhar desse modelo ruim e conseguir chegar a um bom entendimento é o que ensina o "casal de gêmeos" João e Maria.

lgumas vezes, em meu trabalho como terapeuta de casais, deparei com parceiros que ficaram gravados em minha memória como o casal João e Maria. Na maioria das vezes, esses parceiros ainda são muito jovens ou agem como se fossem mais jovens do que realmente são. Vêm até mim como duas crianças que se uniram em circunstâncias difíceis e fugiram de casa. Então, passam a vagar de mãos dadas pela escura floresta da vida e nela vão se perdendo de forma cada vez mais desesperadora. Inicialmente, não refleti muito sobre esse "diagnóstico João e Maria"; porém, mais tarde, fiquei interessado em saber se esse conto de fadas poderia me dar mais explicações acerca desse tipo de parceiros. Eu tinha apenas uma lembrança muito vaga da história, por isso voltei à obra dos irmãos Grimm. E vejam só: quando leio esse típico conto de fadas infantil como uma narrativa que trata de relacionamento, de fato descubro nela muitos aspectos interessantes e esclarecedores para entender o relacionamento desse tipo de casal. Provavelmente, os pesquisadores de contos de fadas vão achar essa interpretação muito inadequada, pois a história de João e Maria traz um casal de irmãos na infância, e não um casal adulto. Estou ciente da problemática de meu ponto de vista. No entanto, como descobri muitas coisas interessantes ao usar minhas "lentes de relacionamento", gostaria de compartilhá-las com meus leitores. Embora esse conto de fadas provavelmente seja do conhecimento da maioria das pessoas, talvez elas não se lembrem dos detalhes. Por isso, convido-os a reler essa história dos irmãos Grimm, ou, melhor ainda, proponho que ela seja lida em voz alta para o parceiro ou a parceira. Esse convite para reler ou ler em voz alta para o outro o texto-fonte vale também para as outras histórias que interpreto neste livro. Para aqueles que não têm essa disponibilidade, apresento aqui e nos capítulos seguintes um breve resumo das narrativas.

Resumo do conto "João e Maria"

Perto de uma grande floresta, morava um pobre lenhador com a mulher e os dois filhos. Em certo momento da vida, uma grande dificuldade atingiu o campo, e a comida começou a ficar escassa. Então a mulher insistiu para que o marido abandonasse os filhos na floresta. Com o coração partido, o marido acabou por ceder. As crianças ouviram a conversa. Maria chorou de medo, mas João teve uma ideia: na mesma noite, juntou no bolso algumas pedrinhas brancas e, no dia seguinte, enquanto os adultos os conduziam pela mata, ele foi jogando as pedrinhas pelo chão, enquanto a irmã carregava os dois pedaços de pão que a madrasta lhes dera. A madrasta e o pai esperaram até que João e Maria adormecessem, bem no meio da floresta, perto de uma fogueira, e foram embora para casa, deixando as crianças para

trás. No meio da noite, João e Maria acordaram. Como as pedrinhas reluziam ao luar, eles as seguiram e não tiveram dificuldade em encontrar o caminho de volta. Passado um curto período, quando a situação voltou a se agravar, as crianças ouviram que seriam novamente abandonadas. Desta vez, porém, porque a porta estava trancada, João não pôde sair para recolher nenhuma pedra. Então, em vez de jogar pedrinhas, jogou migalhas de pão para sinalizar o caminho. Os pássaros, contudo, comeram as migalhas, e as crianças não acharam o caminho de volta para casa. Elas entraram cada vez mais na floresta e encontraram apenas sementes para aplacar a fome. Na terceira manhã, viram-se de repente no coração da mata e diante de uma pequena casa feita de pão e coberta de bolo. As janelas eram de açúcar branco. Hesitantes e famintas, as crianças primeiro provaram e, logo depois, comeram com gosto alguns pedaços da casa. Uma mulher muito velha, que saiu de lá de mansinho, assustou-os no início; porém, ao oferecer-lhes leite, panqueca com açúcar, maçãs e nozes, eles ganharam confiança e, aliviados, dormiram em camas limpas. No dia seguinte, contudo, descobriram que a velha era uma bruxa. À noite, ela trancou João em uma jaula para engordá-lo, e Maria foi obrigada a trabalhar intensamente, em troca de alguns restos de comida. Todas as manhãs, a bruxa, que enxergava muitíssimo mal, queria sentir o dedo de João para saber se ele já estava gordo o suficiente. Usando de astúcia, o menino estendia um ossinho para a bruxa. Após quatro semanas, a bruxa perdeu a paciência e decidiu que João seria seu jantar de qualquer jeito, pouco se importando com seu estado. Então mandou Maria acender o forno e entrar nele para conferir se já estava bem quente. Maria desconfiou que a bruxa também queria acabar com ela e fez com que a velha

entrasse no forno. "Então Maria a empurrou para dentro, fechou a porta de ferro e passou a tranca." A bruxa soltou um grito lastimoso e ardeu. Maria libertou o irmão no mesmo instante. Felizes, eles se abraçaram, encontraram muito ouro, pérolas e pedras preciosas no local e, carregados, tomaram o caminho de casa, que os levou a um rio sem nenhuma ponte. Maria pediu a um pato branco que os atravessasse, e ele os ajudou. João quis sentar-se com ela no dorso do pato, mas Maria, preocupada em não sobrecarregar o animal, fez o irmão ir primeiro. Cheios de alegria, eles se encontraram na outra margem e logo chegaram à casa paterna. O pai ficou radiante ao rever os filhos. Naquele meio-tempo, a madrasta havia morrido. "Então, todos os problemas acabaram, e eles viveram juntos e felizes."

Lido como uma história sobre relacionamentos, esse conto de fadas parece responder, sobretudo, a duas perguntas: Como entender a crise em que se encontram casais como João e Maria e como chegaram a ela? Quais estratégias e comportamentos podem ajudar a superar essa crise? Chama a atenção o fato de João e Maria enxergarem a realidade de modo muito claro e realista e lidarem com a crise usando de muita iniciativa e criatividade – algo que, com frequência, ocorre de maneira bem diferente com os casais correspondentes, os quais poderiam aprender com seus arquétipos de contos de fadas. Pretendo desenvolver em três etapas a resposta que essa história parece dar a essas as perguntas.

A situação familiar

Frequentemente, casais como João e Maria se unem quando jovens, algumas vezes muito jovens, porque já não suportavam as condições de vida em sua família de origem. Esse conto de fadas ilustra uma família em uma situação de grave emergência: não há comida suficiente para todos. Nessa situação de emergência externa, podemos ver simbolizada a miséria interna em que muitas vezes as famílias de casais do tipo João e Maria se encontram, ou seja, a falta de alimento psíquico e emocional. Por isso, as crianças desse tipo de família não possuem um lugar seguro. Os pais estão prontos a sacrificá-las para sobreviver. No contraste entre a representação do conto e a realidade da maioria dos casais do tipo João e Maria, essa situação não é propriamente suportável.

Entretanto, não nos enganemos: do ponto de vista psíquico e no que se refere à qualidade do relacionamento entre pais e filhos, isso era e ainda é mais frequente do que imaginamos. A necessidade e a carência psíquicas tornam os pais incapazes de enxergar e reagir adequadamente à necessidade e à carência dos filhos. Isso também ocorre todos os dias em famílias abastadas, cultas e com boa situação financeira. Talvez os pais se ocupem tanto com coisas externas, com a profissão, a construção da casa, em ganhar dinheiro, que também sejam consumidos internamente por tudo isso e já não lhes reste calor emocional para dar aos filhos. Talvez eles próprios tenham de lutar contra a depressão ou os sentimentos de inferioridade; talvez estejam tão insatisfeitos com o parceiro ou com toda a situação em que vivem que já não tenham forças para transmitir proteção e segurança aos filhos. Talvez estejam tão ocu-

pados com "suas próprias coisas" que não estejam em condição de dar a devida ressonância aos filhos, e essa ressonância, que significa realmente se interessar por eles e reagir a eles, é o alimento mais importante de que os filhos precisam; por conseguinte, geralmente predomina nas famílias de casais do tipo João e Maria uma carência muito grande. Por mais cruel que possa parecer, é desse modo que os pais abandonavam – e ainda abandonam – os filhos psiquicamente, tal como representado por João e Maria, de forma drástica e aparente.

Como muitas vezes ocorre nos contos de fadas, nota-se que à mulher é atribuído um papel bastante maldoso, enquanto o homem é tratado de maneira muito misericordiosa e se sai muito bem nas situações difíceis. Porém, se observarmos com atenção, esse ponto de vista parcial não pode ser mantido depois do que o conto nos relata expressamente. Afinal, esse pai se comporta de maneira muito passiva! Ele sempre acaba cedendo à pressão da mulher, mesmo que isso signifique ir de encontro aos próprios princípios. É possível imaginar muito bem quão pouco ele realmente se opõe a ela, que nele encontra apoio, e quão pouco ele realmente afirma seu lugar ao lado dela. Não é de admirar que ela sinta necessidade de competir com as crianças pela sobrevivência e, talvez por um sentimento de frustração, se torne uma madrasta "má".

Na maioria das vezes, casais do tipo João e Maria são oriundos de famílias nas quais não encontraram apoio psíquico, pois os pais estavam ocupados com os próprios problemas. Por isso, é comum acontecer de saírem cedo de casa, antes de se desligarem internamente; sentem-se rejeitados, e, do ponto de vista psíquico, falta-lhes sustento. Assim, mesmo que obviamente provenham de famílias diferentes, são como que ir-

mãos naquilo que cada um viveu em sua própria casa. Isso os une profundamente e no início o amor que sentem um pelo outro é em geral enorme e arrebatador. A aliança comum lhes dá a esperança de encontrar naquele momento aquilo de que tanto sentiram falta em casa. Contudo, na maioria das vezes, eles não têm consciência dessa relação; simplesmente sentem algo muito bonito um pelo outro e que nunca experimentaram até então. Por isso, acham que tiraram a sorte grande por terem encontrado um grande amor e passam a viver juntos.

A crise

Inicialmente, no conto de fadas, essa aliança mostra-se muito eficaz. João e Maria escapam bravamente do primeiro ataque, pois se mantêm unidos, não se comportam como vítimas passivas e enfrentam seu destino com inteligência e criatividade. Como João reúne pedrinhas e as distribui para marcar o caminho, enquanto Maria o ajuda, eles conseguem achar a volta para casa. No entanto, isso também quer dizer que, desse modo, ambos retornam ao ponto de partida. Por acaso isso significa que, embora resistam, ainda permanecem na posição de crianças? Que os pais continuam sendo os senhores da situação, aos quais, como antes, os filhos se sentem entregues? Transpondo o fato para a realidade, poderia tratar-se de uma tentativa de desvencilhamento que ainda não deu certo. Não raro isso ocorre em casais do tipo João e Maria: embora fiquem juntos, encenam, por exemplo, brigas homéricas com os pais ou os sogros, mas percebe-se claramente que isso não adianta. Permanecem negativamente ligados, por assim dizer, em "oposição". Embora se apoiem mutuamente e se defendam

juntos, nessa "oposição" conjunta não perdem a fixação ainda infantil que possuem em relação aos pais. Por mais que externamente pareça desenvolver-se com êxito, esse conflito não traz nenhuma solução. Um sinal inequívoco de que ainda não se chegou a uma solução consiste no fato de que tudo se repete. Primeiro, João e Maria têm de chegar à própria grande crise para que a evolução possa dar-se de modo construtivo para eles.

Essa verdadeira crise ocorre pela segunda vez. Acontece alguma coisa que não permite que se volte atrás. No conto de fadas, a madrasta tranca a porta, de modo que João não consegue ter acesso às pedras que poderiam salvá-los. A porta para o truque redentor está fechada; as migalhas de pão que usam em seu lugar são comidas pelos pássaros, de sorte que eles já não podem encontrar o caminho de volta. Como João e Maria não chegam em casa, têm de avançar sozinhos pela floresta. Mas isso tampouco é suficiente para trazer alguma solução. Inicialmente, a situação realmente fica crítica. Ambos se perdem e não têm ideia do que fazer. Exatamente o mesmo acontece com casais do tipo João e Maria: em algum momento, a oposição aos pais e sogros se esgota; talvez os pais estejam muito longe, estejam velhos, tenham se tornado tolerantes ou até já tenham morrido. Agora, João e Maria estão sozinhos no mundo e dependem apenas um do outro para se entenderem bem, sem a intervenção de terceiros, a quem poderiam atribuir algum problema. E é então que se perdem, desesperados, na floresta.

Podemos considerar a floresta um símbolo para o inconsciente de sua própria alma, com a qual agora eles têm de lidar. O inconsciente é aquele campo da alma que reside na escuri-

dão da consciência diária; o campo de nossas forças psíquicas que ainda não conhecemos ou que não reconhecemos; e é também o campo em que vivências e experiências anteriores se mantêm, aí incluídas as "questões não resolvidas" que reprimimos, porque não conseguimos decidi-las de outro modo. Essa floresta do inconsciente faz parte de nós. Precisamos mergulhar em sua escuridão para encontrar nossa própria identidade. Portanto, na floresta, como João e Maria, por um lado encontramos nas sementes o alimento para nossa própria individuação e, por outro, deparamos com os animais selvagens e a bruxa, ou seja, com aquilo que nos ameaça e com o qual também temos de lidar para nos tornar nós mesmos. Inicialmente, isso está em primeiro plano para João e Maria. Depois que os pais vão embora, a ameaça e o perigo emergem de sua própria alma. No conto de fadas, ambos são representados pela casinha feita de doces em que mora a bruxa.

Só que, a princípio, a casinha de doces não é uma ameaça. É um verdadeiro mundo de delícias. Podem-se lamber os vidros das janelas feitas de calda de açúcar e comer as telhas feitas de pão de mel. No início, a bruxa combina com essa imagem, pois é amigável e atenciosa, traz boa comida, leite, panquecas com açúcar, maçãs e nozes e os deixa dormir em camas limpas e confortáveis. Na encenação, em Stuttgart, da ópera *João e Maria*, de E. Humperdinck, Johannes Schaaf chegou a apresentar essa bruxa como uma mulher vital e de uma beleza sedutora. João e Maria parecem estar no paraíso, no céu; parecem ter simplesmente encontrado uma boa mãe. No entanto, como sabemos, trata-se de uma armadilha que logo se fecha. Do ponto de vista psicológico, poderia isso significar que, como a paixão inicial já passou, como as lutas externas

com os pais e os sogros já foram disputadas, e como talvez já morem em sua casinha ou em seu próprio apartamento, o passado não resolvido de sua infância os alcança e os arrebata? E, tipicamente, de forma bastante determinada, ou seja, como esperança e expectativa de que o direito à assistência, não cumprido pelos pais durante sua infância, seja agora cumprido pelo parceiro no relacionamento? Parceiro ou parceira que até então substituiu tudo o que faltou como fonte paradisíaca de amor em abundância? Com essa esperança e essa expectativa de um em relação ao outro, João e Maria terminam no caminho da bruxa má ou, como diz C. G. Jung: o complexo materno negativo e não resolvido emerge e começa a dominar a vida individual e conjunta.

Também aqui, como no caso da madrasta má, na figura da bruxa fala-se apenas do aspecto feminino negativo, ou melhor, do aspecto materno negativo, pois o conto de fadas, por sua vez, oculta a participação paterno-masculina, que quase sempre existe nesses casos, mas não é trabalhada. Todavia, temos de levá-la em conta aqui e dizer: na figura da bruxa, o drama não superado de sua história de origem e as etapas não superadas do relacionamento com seus pais vêm à tona e passam a ter consequências.

Dessa forma, o leite, os pães de mel e as camas macias logo desaparecem. As expectativas em relação ao ideal não se cumprem, os desejos e anseios por um mundo de delícias se frustram. A imagem se inverte: a casinha feita de doces transforma-se em prisão, e a mulher amável, atenciosa, talvez até linda e sedutora – na visão do diretor da ópera –, torna-se uma bruxa dominadora, ávida, feia e exploradora. João é trancado na jaula e aguarda ser abatido, e Maria é obrigada a esfalfar-se e trabalhar sem receber o necessário para sobreviver.

No conto de fadas, para ambos não resta dúvida: é a bruxa quem os coloca nessa situação difícil. Na vida real, a bruxa que está entre os parceiros geralmente permanece invisível. Isso significa que ambos começam a dificultar um a vida do outro, culpando-se mutuamente pelas esperanças frustradas. Na vida real, João sente seu casamento cada vez mais como uma prisão. Sua Maria não consegue satisfazer os desejos que ele tinha por direito quando vivia junto de seus pais e que agora dirige a ela. Por isso, ele a vê cada vez mais como no conto de fadas, em que ela tem de fastigar-se "a serviço da bruxa". A seus olhos, ela começa a se igualar cada vez mais à madrasta, que, ao que parece, fez muito por ele, embora não exatamente para o seu bem, e sim por interesse próprio, a fim de devorá-lo, por assim dizer, ou seja, de nutrir sua necessidade por meio dele.

Por sua vez, a Maria da vida real percebe a avidez de João e talvez se esforce para satisfazê-lo, mas sente que ele – como se estivesse atrás das grades da jaula – está cada vez menos acessível a ela. Sente que não o satisfaz, que está sobrecarregada para tirá-lo da prisão. Chega a experimentar aquilo que em muitas mulheres jovens solapa a autoestima: o fato de que, apesar de todo o seu esforço, seu comportamento aparentemente consegue até aumentar a infelicidade do parceiro. No entanto, ela não encontra saída e, por fim, acaba se tornando cada vez mais insatisfeita e agressiva e se transformando mais e mais, de modo consciente e um tanto inevitável, na bruxa que o marido critica: torna-se amarga, irritada e desiludida. Na maioria das vezes, é assim que o conto de fadas avança na vida real. No final, casais do tipo João e Maria passam anos se torturando no relacionamento, desiludidos e irritados, sem

conseguir se separar, pois, paradoxalmente, sentem que, de alguma forma, se entendem profundamente, que precisam um do outro e que na verdade estão muito próximos, como se fossem irmãos. Essa proximidade, contudo, é cada vez menos eficaz e só alimenta novas decepções e mais raiva.

Chamo casais como esses de "casais João e Maria": pela experiência feliz que seu amor lhes proporciona, nele depositam suas esperanças para se libertarem da casa dos pais, que tanto pesa sobre eles. Inicialmente, seu amor só lhes dá felicidade, pois, com a experiência semelhante sentida pelo outro, vivem uma familiaridade própria de irmãos. É como se já se conhecessem há muito tempo. E assim passam a viver juntos, geralmente quando são ainda muito jovens. Desse modo, porém, é como se amadurecessem cedo demais, pulando a fase da adolescência e do desligamento dos pais. Isso significa que, internamente, e de forma totalmente contrária a seu querer consciente, permanecem ligados aos pais. Esse desligamento torna-se problemático não quando os filhos recebem deles muito amor e verdadeira atenção, mas quando recebem pouco ou nada. Mais do que qualquer outra coisa, desejos e anseios insatisfeitos unem muito mais uma pessoa à outra, pois internamente se continua a esticar as mãos para tentar alcançar aquilo que poderia ser satisfeito. A princípio isso permanece oculto. No impulso do primeiro amor pelo parceiro e na aliança contra o inimigo comum, que são os pais, as primeiras dificuldades são dominadas com bravura por João e Maria. No entanto, depois que ambos fundam sua existência, quando começam a se sentir oprimidos pela profissão e pelas preocupações financeiras e sobretudo quando, por causa dos filhos, se veem no papel de pais, a impossibilidade de se desligarem

dos próprios pais torna-se evidente. Sentem-se, então, como crianças perdidas na floresta: abandonadas, sobrecarregadas, confusas. Sem perceber, dirigem seus desejos insatisfeitos para a casinha de doces do país das delícias, para o amor e o cuidado generoso dos pais, e acabam se sobrecarregando terrivelmente. Ambos desejam receber o carinho de mãe e de pai um do outro, e ambos se decepcionam mutuamente, pois não conseguem fazê-lo. Em geral, essa decepção é tão grande quanto a esperança que tinham no início. Assim, irritam-se cada vez mais um com o outro e embrenham-se cada vez mais na floresta e nas garras da bruxa má, entregues à interação inconsciente de suas experiências anteriores de relacionamento, embora, originariamente, a esperança era de que conseguissem se libertar juntos.

A solução

No conto de fadas, entretanto, a história se passa de maneira diferente. Nela – e não poderia ser diferente –, tudo acaba bem. Contudo, à diferença de muitos outros contos de fadas, a mudança para o final feliz não ocorre em virtude de forças mágicas e fabulosas. João e Maria se libertam pelas próprias forças. Talvez, justamente por essa razão, nessa parte em que ocorre a mudança para o positivo, o conto de fadas também possa ser visto como um auxílio bastante concreto. Afinal, como é possível que, no conto de fadas, João e Maria não se enredem no círculo vicioso descrito, mas saiam fortalecidos e amadurecidos da crise, e que ela não acabe por separá-los, mas por uni-los novamente, de forma mais profunda?

Em primeiro lugar, desde o início do conto, João e Maria parecem extremamente ameaçados pelos pais, pelos animais

selvagens da floresta e pela bruxa má. Entretanto, em nenhum momento vivem e se comportam como vítimas, embora tenham todas as razões para agirem como tal. Segundo minha experiência, casais do tipo João e Maria tendem a se definir como vítimas: vítimas dos pais, dos senhorios ou dos chefes, vítimas dos filhos, que exigem demais deles, e, além disso, um se vê como vítima do outro. Desse modo, entretanto, conferem ao outro o poder sobre si próprios, paralisam suas forças e se enredam cada vez mais na infelicidade. Em contrapartida, no conto de fadas, João e Maria ajudam-se mutuamente, do começo ao fim, com iniciativa e criatividade: João junta pedrinhas para espalhar pelo caminho; depois, no segundo conflito, espalha migalhas de pão, porque a porta que leva às pedrinhas é trancada. Embora isso não o ajude em nada, pelo menos ele tenta. Ambos procuram comida na floresta e, assim que surge a casinha de doces, começam juntos a comê-la. Mesmo na jaula, João ainda tem uma ideia de como enganar a bruxa, apresentando-lhe um ossinho em vez do dedo. E Maria também é astuta, quando persuade a bruxa a se aproximar do forno para verificar se ele está quente e a empurra no momento oportuno. Embora tenham de colher fracassos – não sabem o caminho de volta para casa, caem nas garras da bruxa, são levados a executar trabalhos forçados, são presos e ameaçados de morte –, não deixam de ter sempre ideias e iniciativas novas – e tudo isso vale a pena, pois assim finalmente conseguem superar a crise. A mensagem do conto de fadas não deixa dúvidas: por maior que seja a ameaça, por mais cruel que seja o destino e por mais que seus pais tenham falhado com você e o abandonado na vida, há uma saída se você não se entregar e não se fizer de vítima. É possível fazer algo que leve ao êxito se, apesar das adversidades, você persistir e não se resignar.

Em segundo lugar, nota-se que, no conto de fadas, João e Maria realmente percebem a ameaça. Obviamente, nesse caso, não há a menor possibilidade de eles se enganarem ou fingirem algo, pois a bruxa, a jaula e o fogo crepitante são uma dura realidade. Na maioria das vezes, não ocorre o mesmo com casais João e Maria. Eles têm a tendência a negar as verdadeiras causas de sua infelicidade. Negam, sobretudo, que, embora externamente tenham se separado de modo tão duro de seus pais ou até rompido com eles, ainda os carregam dentro de si, na própria alma, e que esses pais "internalizados" e tomados como uma bruxa, como uma verdadeira ameaça à sua felicidade, emergem de sua própria alma – determinando seus pensamentos, sentimentos e ações. Nesse sentido, com muita frequência casais João e Maria negam que a bruxa esteja entre eles, determinando seu padrão de relacionamento, e culpam-se mutuamente pela hostilidade entre ambos, causadora de todos os males. Dessa forma, porém, o problema só é adiado, tornando-se insolúvel.

Além disso, como no conto João e Maria percebem essa ameaça e não se deixam enganar por ela, eles não se atribuem a culpa mutuamente. João não responsabiliza Maria por ter ido parar na jaula, e Maria não responsabiliza João pelo esforço e tormento cotidianos. Ambos se ocupam das verdadeiras causas de seu cárcere e de seu suplício, ou seja, da bruxa. João a engana com um ossinho, e Maria finalmente a empurra com as próprias mãos para dentro do forno. Portanto, cada um faz a sua parte. Em vez de considerar o outro a causa de sua infelicidade, cada um lida, por assim dizer, com a própria bruxa. Ou seja, cada um cuida da parte mal resolvida que traz consigo de sua família de origem, de seus desejos e anseios

insatisfeitos, de suas dependências, aversões e ambivalências. Assim, ambos se salvam reciprocamente – e essa salvação de si é a contribuição decisiva para a superação da infelicidade conjunta.

Portanto, com base nesse fato de que cada um enxerga e cuida dos próprios problemas que traz da família, ambos podem ajudar-se reciprocamente de maneira eficaz. Os parceiros não podem salvar um ao outro. Não podem fazer isso pelo outro. Não podem acertar com o outro naquilo que deu errado em sua família de origem. Cada um precisa realmente lidar com a sua parte. Não obstante, se ambos agirem assim, poderão se ajudar sem se enredar em uma desagradável simbiose entre redentor e vítima. No conto de fadas, João e Maria são um casal que sabe se ajudar perfeitamente; um coopera muito bem com o outro. Todo o conto, do princípio ao fim, está repleto de exemplos dessa cooperação mútua: juntos, ouvem a conversa dos pais sobre seus planos secretos; como João está com o bolso cheio de pedras, Maria leva o pão para ambos; quando um desanima, o outro o consola; partilham o único pão que sobrara; João segue enganando a bruxa até que haja uma boa ocasião para Maria empurrá-la no forno, e assim por diante. No início, João parece ser mais ativo, mas Maria sempre participa, para no fim da história também assumir maior comando e iniciativa. Geralmente, em casais João e Maria falta essa ajuda e cooperação mútuas; em vez delas, não raro os parceiros se sabotam. Como ele espera muito dela, ela faz greve, ou como ela espera muito dele, ele se fecha. Um deixa o outro na mão, pois ambos se sentem sobrecarregados. A principal razão pela qual eles não cooperam e não se ajudam mutuamente é evidente: porque empurram um ao outro a culpa

pela infelicidade. Se cada um reconhecesse a própria parte e cuidasse dela com responsabilidade, estaria assentada a base decisiva para a ajuda mútua e a cooperação conjunta.

No conto de fadas, João e Maria comemoram e desfrutam a vitória sobre a bruxa. No entanto, sabem que ainda não fizeram tudo o que tinham de fazer. Perto do final da história, ainda há episódios importantes dos quais a maioria das pessoas não se lembra quando questionada a respeito. Com efeito, no fim do conto há outra crise, que perfaz um total de três. A volta das crianças para casa é interrompida por um grande curso d'água. A água também é um símbolo para o inconsciente. Assim, da alma de ambos emerge um novo obstáculo para um final feliz. E a água está relacionada com o lado mãe e, para complementar, poderíamos dizer também com aquele dos pais, que, ao que parece, ainda não está de todo "superado" em seus aspectos negativos a ponto de simplesmente desaparecer da vida. Isso significa que a bruxa não está morta, como Maria exultou no conto de fadas. Ela ressurge com outra forma. Mas Maria não se deixa enganar. Pelo visto, o êxito obtido até então a fortaleceu tanto que ela logo parte para a ofensiva. Chama um animal que pode ajudá-los, o pato, e impede João de utilizá-lo ao mesmo tempo que ela para a travessia. Assim, deixa bem claro que eles não podem atravessar o rio juntos: isso seria exigir demais do pequeno animal e os levaria a naufragar. Em outras palavras, também nesse caso cada um deve dar o próprio passo, e Maria o entendeu muito bem. Um pode ajudar e apoiar o outro, mas cada um é responsável pelos próprios passos durante a travessia sobre a água. Essa breve passagem do conto de fadas, muitas vezes esquecida, contém novamente uma importante mensagem: mesmo quan-

do damos passos decisivos e importantes, sempre haverá situações em que se torna difícil avançar, em que surgem obstáculos vindos da própria alma e do próprio passado. Casais do tipo João e Maria também podem tirar esta lição do conto de fadas: mesmo com todas as suas limitações, nossa história de origem faz parte de nossa identidade. Não podemos simplesmente apagá-la nem nos livrar dela e dos obstáculos que a acompanham. Ela sempre virá à tona em momentos críticos de nosso relacionamento. Contudo, podemos aprender a lidar com ela de maneira cada vez mais construtiva; podemos aprender a nos ajudar mutuamente de modo cada vez mais eficaz, fazendo com que seja possível, de forma cada vez mais fácil e menos dramática, recolocar as coisas nos eixos.

De resto, talvez não seja totalmente por acaso que, no conto, seja Maria a contrariar os planos de João, impedindo-o de embarcar com ela no pequeno pato. Se ele atravessasse o rio com ela sobre o dorso do animal, talvez isso significasse que, apesar de seu conflito bem-sucedido com sua bruxa, ele ainda estaria um pouco preso a uma imagem simbiótica de relacionamento. E se Maria se defende dizendo: "Não, só dá para ir um depois do outro, e não os dois juntos", talvez nisso se reflita uma situação que, em todo caso, posso confirmar como percebida na terapia de casal, a saber, a experiência de que, de modo geral, os homens têm mais dificuldade que as mulheres para perder suas esperanças de salvação, depositadas na relação a dois, e assumir responsabilidade por sua vida psíquica.

Por fim, o conto de fadas contém uma última mensagem de esperança para casais João e Maria: no final, há tesouros e mais tesouros para ambos – ouro, pérolas e pedras preciosas.

Portanto, o conflito valeu a pena. O amor do início, as grandes esperanças que um depositou no outro, a profunda compreensão mútua – nem tudo está perdido ou desapareceu. Tudo está mais rico e profundo que no início e se cumpriu de maneira inesperada. No entanto, as coisas aconteceram de forma totalmente diferente daquela que ambos haviam imaginado e desejado, e foi necessário se livrar das próprias fantasias, aceitar as crises e atravessá-las com determinação e iniciativa, e não apenas uma única vez, mas de modo constante.

Somente assim eles encontram, por fim, o próprio lar, no qual se estabelecem e podem ficar seguros. O fato de que nesse lar o bom pai esteja presente, mas a madrasta má tenha morrido, corresponde novamente ao ponto de vista parcial e preto no branco do conto de fadas. Se dele nos livrarmos, talvez possamos interpretar a história da seguinte forma: ambos superaram em sua alma os aspectos negativos dos pais e podem então aceitar o pai e a mãe de modo positivo e reconciliado. Pelo menos este costuma ser o processo em casais João e Maria: se não ficaram presos no papel de vítimas, se conseguiram se libertar do seu padrão de atribuir a culpa um ao outro, então geralmente chegam a uma reconciliação com sua origem e conseguem enxergar os pais de uma perspectiva mais amena, no que eles têm de bom.

João e Maria, reconciliados com seu passado, ricos com os tesouros de sua experiência e felizes em seu amor um pelo outro: essa é a imagem de esperança que no final o conto de fadas oferece a casais que se espelham no par de irmãos.

2

A bela e a fera

O que o amor
de uma mulher
pode ou não
causar

De que trata este capítulo

O homem desajeitado em assuntos de relacionamento ("a fera"), que por amor a uma linda mulher ("a bela") se aprimora e se transforma em príncipe — essa imagem fascinante continua a rondar a cabeça de homens e mulheres. Como tal "processo de aprimoramento" pode de fato acontecer, e apenas reciprocamente, é o que nos mostra "Amor e Psique" na antiga versão original desse conto de fadas.

Um musical de sucesso

O título terrivelmente desafortunado "A bela e a fera" não impediu que nos últimos anos esse musical fizesse enorme sucesso também na Alemanha. O modelo imediato para a peça foi um desenho animado de Walt Disney, que, por sua vez, retoma o conto de fadas francês "La Belle et la Bête", escrito no século XVIII por madame Leprince de Beaumont, que também se apoiou em uma versão bem mais antiga e detalhada. Além disso, o desenho animado e o musical incorporaram vários personagens e elementos de ação acrescentados pelo autor Jean Cocteau, que filmou o tema em 1945-1946.* Também nos irmãos Grimm o tema da fera, que é um príncipe encantado, emerge de forma um tanto minimizada e infantilizada, a saber, no conto de fadas "Branca de Neve e Rosa Vermelha".

Ao que parece, para que a fera repugnante, que se transforma graças ao amor de uma jovem bonita, interesse tanto a

---

* Cf. a respeito: madame Leprince de Beaumont, *Die Schöne und das Tier. Ein Märchen*. Posfácio de Maria Dessauer. Frankfurt a. M.: Insel Verlag, 1977, pp. 47-57.

autores e compositores e atraia o público dessa forma é porque ela deve ser uma fantasia de relacionamento fascinante. De que trata a história? Em todas as versões, a fera é nitidamente do sexo masculino. Ora é um urso desajeitado, ora um monstro feio, colérico, bruto e aparentemente ainda mais perigoso, ora uma mistura de javali, urso e tigre. Bela, a jovem bonita que vai parar no castelo desse monstro em circunstâncias ilustradas de diferentes maneiras, inicialmente sente medo, repugnância e aversão por ele. Porém, com o tempo, surge uma relação. A bela ganha influência e chega até a exercer um efeito manifestamente tranquilizador e enobrecedor sobre a fera. Apesar disso, por muito tempo ela resiste ao desejo que a fera lhe exprime toda noite. De fato, a fera quer que a bela se case com ela, ou que a ame, ou até, sem mais rodeios, que vá para a cama com ela, e aqui cada versão apresenta pequenas e sutis diferenças. A amada bela parece não ter coragem para dar tal passo, sobretudo porque – pelo menos em uma das versões –, em sonho, sempre lhe aparece um príncipe elegante, que é muito mais agradável e atraente que a fera. No entanto, após diversas situações complicadas e confusas, ela acaba cedendo: confessa seu amor à fera, no momento em que esta se vê à beira da morte. A declaração de amor faz com que a fera se transforme no lindo príncipe que aparecia nos sonhos da bela e com o qual ela poderá finalmente celebrar seu casamento.

Uma história tocante. Que tipo de imagem pode-se entrever nesse relacionamento entre homem e mulher? A mim parece que se trata da imagem do patriarcado, visto aqui da perspectiva feminina. Traduzido sem rodeios poéticos, o que o conto de fadas exprime é que, "em si" e por natureza, os homens

são animais toscos, sem autocontrole e impulsivos. Somente pelo amor da mulher é que se transformam. A repugnância e o medo desse monstro são totalmente justificados. Contudo, o destino da mulher é renunciar a seu belo ideal (o príncipe no sonho), superar com abnegação o medo e a repugnância, entregar-se (ou melhor, render-se) e amar o monstro (e até mesmo estar pronta para dividir a cama com ele!). Depois, pode acontecer de a fera humanizar-se sob sua influência benéfica e aproximar-se de seu ideal – somente por meio de seu amor abnegado, com o qual, na verdade, o homem nada tem a contribuir, a não ser "deixar-se amar".

A imagem desse tipo de relacionamento é patriarcal porque não abala a posição dominante do homem. Para quem está de fora, ele é e permanece o "senhor do castelo" que toma as decisões, enquanto a mais nobre missão da mulher é entregar-se a ele de maneira servil. Com seu amor, ela compensa esse aviltamento justamente ganhando poder sobre o homem, escapando, por assim dizer, de sua necessidade de dominar e de sua impulsividade, e domando-o. Dessa forma, a história reflete exatamente o relacionamento entre mulher e homem tal como ele era visto na sociedade burguesa, por exemplo, dos séculos XVIII e XIX: o homem domina da porta de casa para fora ("patriarcado oficial"); porém, dentro de casa, no seio da família, a mulher submete todos a seu suave domínio ("matriarcado não oficial"). Seria esse um modelo de relacionamento ultrapassado na era da igualdade de direitos?

Sem entrar no mérito da questão, as pessoas foram em massa ao musical, inclusive os jovens e os que se dizem modernos e progressistas. Por acaso estariam com saudade desses "relacionamentos à moda antiga"? Será que as velhas imagens

de um tempo passado ainda estão muito mais vivas na alma do que imaginamos? Pode até ser, pois mesmo na sociedade atual costumamos viver a ressurreição de modelos de relacionamento que se acreditavam ultrapassados. Contudo, talvez haja mais alguma coisa em jogo. Talvez a história da bela, da fera e de sua transformação trate de um tema muito profundo e ainda válido, que sempre encontra razão para nos mover. Isso se torna mais claro se não nos detivermos na versão do musical, mas formos buscar as raízes remotas do conto de fadas. Muito provavelmente, trata-se da reprodução de um modelo antigo, que se encontra no âmbito de um romance autobiográfico do escritor romano Apuleio: o conto de Amor e Psique. Nele aparecem quase os mesmos personagens, e no decorrer da ação também há muitos paralelismos. Todavia, em Apuleio, o conjunto recebe um sentido totalmente diferente e contém outra mensagem. Para compreendê-la, ocupemo-nos dessa versão primitiva. A quem não tiver acesso a ela ou achar sua linguagem demasiado difícil, ofereço aqui uma versão resumida.

Resumo do conto "Amor e Psique"

"Havia em uma cidade um rei e uma rainha que tinham três filhas." A mais nova logo ganhou a fama "de ser tão bela quanto a deusa Vênus". A comparação com uma mortal desperta o mau humor da deusa. Vênus quer punir a infeliz e, por meio de um terrível oráculo, anuncia aos pais da moça que eles devem

abandonar a filha em um rochedo, onde um monstro a tomaria como esposa. E incumbe seu filho Amor de fazer com que ela se apaixone pelo monstro.

Inesperadamente, Psique encontra no rochedo um belo palácio, no qual se instala com receosa expectativa. Encantado com sua beleza, na escuridão da noite, Amor deita-se a seu lado; porém, com medo da mãe, não quer ser reconhecido. Assim, ameaça a amada de abandoná-la no mesmo instante se ela tentar levantar o véu de sua identidade, e sempre desaparece pouco antes do amanhecer. Psique fica feliz com as visitas afetuosas e apaixonadas. Afora o amante noturno, ela vive sozinha, mas satisfeita no palácio. Em pouco tempo, fica grávida. Ao visitarem-na, suas irmãs invejosas insistem para que ela veja o amante misterioso à luz, para saber se ele é mesmo o monstro que lhe fora profetizado. Psique acaba por ceder à curiosidade delas e à sua própria, e acaba iluminando Amor durante o sono com um lampião a óleo, mantendo ao mesmo tempo uma faca ao alcance da mão. Ao vê-lo, logo se apaixona perdidamente, quer beijá-lo, mas, por descuido, queima-o com uma gota de óleo quente, despertando-o e fazendo com que ele fuja, tomado de ira.

Para cuidar de sua ferida, Amor volta a se estabelecer junto de Vênus, sua mãe, que se enfurece com o filho desobediente e com Psique, que o seduzira:

"Que digna harmonia com minha família e sua amabilidade: primeiro você ignora as prescrições da sua mãe, ou melhor, senhora; depois, não apenas deixa de martirizar minha inimiga com um namorico indecente, como também, com seus abraços animados e imaturos para um rapaz da sua idade, chega a deitar-se com ela, de maneira que possivelmente terei de su-

portar minha inimiga como nora. Mas se você está achando que é o único príncipe e, por causa da minha idade, já não posso conceber, fique sabendo — seu fanfarrão, desmancha-prazeres e mal-educado — que darei à luz um filho muito melhor que você ou, antes, para que você sinta ainda mais vergonha, vou adotar um dos meus escravos domésticos e dar-lhe de presente essas asas, as chamas, o arco e até mesmo as flechas, que não lhe dei para que você os usasse dessa forma..."

Enquanto isso, Psique erra pelo mundo à procura de seu amado. Vênus a faz prisioneira, manda chicoteá-la, humilha-a e, sem dó nem piedade, impõe-lhe uma série de tarefas que, à coitada, parecem tão impossíveis de ser cumpridas que ela perde completamente a vontade de viver: é obrigada a separar montanhas de cereais, ervilhas, lentilhas e feijões; a escalar rochas íngremes para pegar um pedaço da lã dourada de carneiros agressivos; a buscar da água misteriosa e vigiada por serpentes; e a trazer do reino dos mortos um bálsamo de beleza para a insaciável Vênus.

Animais, plantas e pedras falantes ficam com pena de Psique e a ajudam a cumprir as tarefas. As formigas separam os grãos. O junco a aconselha a colher a lã nos arbustos, ao cair da tarde, quando os carneiros estivessem dormindo. Uma águia a ajuda a buscar a água, e uma torre não apenas lhe indica a direção do Hades, mas também lhe informa em detalhes quem ela iria encontrar pelo caminho no reino dos mortos e como deveria comportar-se. Quando finalmente consegue pegar o bálsamo de beleza, não aguenta de curiosidade e, contrariando a proibição de Vênus, abre o frasco. Imediatamente cai em sono eterno. No entanto, Amor, que nesse meio-tempo reconheceu seu amor por Psique, passa a agir. Para salvá-la, dirige-se a Zeus,

pai dos deuses, para pedir-lhe ajuda. Zeus tem simpatia por Amor e apazigua a vingativa Vênus, concedendo a Psique a imortalidade. Em seguida, comemora-se um matrimônio realmente divino, como convém aos deuses. "... e, no momento oportuno, tiveram uma filha, que chamamos de Prazer."*

O amor como fusão

A diferença mais evidente em relação ao conto da bela e da fera é que o amado não é realmente uma fera, mas, na imaginação de Psique, nela se transforma graças à intervenção de suas irmãs. Desse modo, todo o conto recebe um sentido totalmente diferente.

Amor (em grego, Eros) e Psique são um casal muito jovem, tal como João e Maria. Entre eles, porém, a união erótico-sexual desempenha um papel importante, que, obviamente, não ocorre em João e Maria, uma vez que, do ponto de vista do conto, ambos são irmãos. Sem os freios da censura cristã, Apuleio faz com que Psique enalteça com o máximo entusiasmo o prazer que sente junto ao desconhecido que a visita na escuridão da noite. Trata-se, portanto, de um casal que por muito tempo vive um intenso prazer sexual.

Amor/Eros é o rapaz alado com arco e flecha, tal como o conhecemos das representações antigas e barrocas, e Psique também parece ser uma moça bastante jovem. É incrivelmente bela e por isso o centro de interesse das pessoas, que veem

---

* Esse resumo toma por base a tradução de A. Schaeffer em E. Neumann, *Amor und Psyche: Deutung eines Märchens. Ein Beitrag zur seelischen Entwicklung des Weiblichen*. Olten: Walter Verlag, 1971.

nela uma nova Vênus (em grego, Afrodite), a incorporação de uma nova deusa do amor. Contudo, como costuma acontecer, essa glorificação externa tem um reverso interno. Psique parece ser uma moça solitária. Seus pais não demonstram empatia nem compreensão em relação a ela. Neles, ela não encontra nenhum amparo quando ameaçada de perigo. Anseia o amor, e esse anseio dirige-se cada vez mais para fora, para um possível parceiro.

Amor recebe de sua mãe, Vênus, a incumbência de ferir Psique com sua flecha, para que ela – como punição pela "concorrência" – apaixone-se por um monstro. Amor é o típico "filho--amante" das antigas mães deusas, ou seja, é ao mesmo tempo o filho que ela dá à luz e o amante a quem ela se une – originariamente, era o que fazia a roda do ano avançar do inverno novamente à fértil primavera, personificada por Amor. Do ponto de vista psicológico e já como Apuleio o ilustra, Amor aparece como o protótipo do filho muito ligado e submetido à mãe e, ao mesmo tempo, do filho rebelde, que dela tenta se libertar. O mesmo se dá no conto. Amor não obedece à ordem da mãe. Ao ver Psique dormindo, apaixona-se por ela e assim se torna "infiel" à sua própria mãe.

Naturalmente, ninguém pode saber disso. Por essa razão, Psique não está autorizada a ver nem a reconhecer Eros. Assim, travam o seguinte acordo: Amor a visita, eles se amam, mas tudo deve ocorrer na escuridão da noite, quando sua figura permanece oculta, e Psique não pode saber quem ele realmente é. Desse modo, encontram-se todas as noites e, juntos, celebram a festa dos sentidos. Por muito tempo, todos parecem satisfeitos com a situação, seja porque nada sabem, seja porque podem desfrutá-la sem serem perturbados.

O tema, nesse caso, é a intensidade do primeiro amor. Psique finalmente encontrou aquilo que seu coração tanto ansiava, e Amor finalmente escapou à reivindicação de posse de sua mãe. No entanto, tudo precisa acontecer na escuridão. Isso significa duas coisas: 1) na verdade, não são duas pessoas que se encontram, cara a cara. O que vivem é uma fusão, uma união ditosa. Um ainda não "vê" o outro como ser separado dele, como oposto; 2) o que acontece precisa permanecer velado – sob a ameaça de uma separação imediata. Amor exprime essa ameaça, o que é "típico de um filho muito ligado à mãe". Esta não pode saber de nada; somente assim ele "está autorizado" a viver completamente seu amor por outra mulher. E, quando amanhece, ele volta para junto da mãe, como se nada tivesse acontecido. Porém, inicialmente, isso tampouco é um impedimento, pois é muito bom ficar com a amada na escuridão da noite, e melhor ainda por ser proibido. Todavia, do ponto de vista psicológico, isso significa que esse amor ainda está totalmente na escuridão do inconsciente, não tem um verdadeiro oposto nem uma limitação – interna ou externa. É um amor sincero, intenso, mas profundamente simbiótico, tal como costumamos encontrar nos "primeiros amores". É bom que seja assim e, em certo sentido, tem de ser assim. O que não é possível é que ele permaneça assim para sempre. Justamente quando esse amor é tão profundo, sincero e intenso, justamente quando, como no conto, os amantes desabrocham e podem viver plenamente seu amor, inicia-se um desenvolvimento que ameaça romper tudo de maneira dolorosa, mas que tem de acontecer para que os amantes cresçam interiormente.

O despertar de Psique

No conto, as duas irmãs tornam-se ativas. De modo bastante semelhante às irmãs da bela, em "A bela e a fera", elas chegam a ser apresentadas como criaturas antipáticas, invejosas, malévolas e profundamente insatisfeitas com seus próprios relacionamentos. No entanto, do ponto de vista psicológico, desempenham um papel muito importante: graças a elas, as seguintes perguntas tornam-se imperiosas para Psique: Quem é, na verdade, aquele a quem todas as noites me uno com tanta felicidade? Por que ele não se mostra? Por que sempre desaparece? Seria ele obrigado a esconder quem verdadeiramente é? Seria ele o monstro em forma de animal, profetizado pelo oráculo, a quem ela se entrega? Ela já não consegue se entregar à fusão simbiótica sem se questionar. Seu amor quer ver. Assim, começa a emergir da escuridão do inconsciente.

Esse trecho me faz lembrar inúmeros casos semelhantes nas terapias de casais. Depois que o primeiro período de paixão intensa passa, que o cotidiano se instala, que a mulher talvez dê à luz o primeiro filho e o homem comece a fazer carreira... À noite, como antes, ele quer se unir feliz a ela e, de manhã, sai para trabalhar. Ela não sabe o que ele tem, sabe cada vez menos a respeito do que o move, e começa a fazer perguntas, a conversar com as amigas, a ler livros e revistas de psicologia, que ao homem em questão, cuja "paz" ela perturba, geralmente parecem tão antipáticos como no conto de fadas são apresentadas "as irmãs". Aos poucos, a mulher passa a suspeitar de que não é apenas a grande quantidade de trabalho que o faz chegar tão tarde em casa, e começa a se perguntar: "Será que ele está se afastando de mim?" Sente de ma-

neira cada vez mais clara: agora, que "é dia", que o cotidiano se instalou, ele já não consegue manter a relação com ela. De repente, outras coisas se tornam mais importantes. Será que ele está tão longe e já não é acessível porque seu coração está preso em outro lugar? Então, ela começa a fazer essas perguntas a si mesma, mas ele nada percebe. Na escuridão da noite, quer novamente se unir a ela.

Então ela começa a realmente querer saber. Como Psique, pega a "luz" e o "punhal". Começa a observar melhor (lampião a óleo) e já não aceita ser deixada em segundo plano; ao contrário, passa a pressioná-lo com perguntas (punhal): "Será que tudo na sua profissão é realmente tão importante? A quem você obedece internamente? Às exigências da sua mãe, do seu pai, para quem você sempre precisa ser o máximo? Ou você é um animal explorador, que nada mais tem na cabeça além de sexo e que não se importa nem um pouco comigo?" Ela realmente quer esclarecer a questão, em vez de continuar se unindo "de maneira inconsciente" a ele.

Infelizmente, na maioria das vezes, ele não suporta a desconfiança, do mesmo modo como seu antigo modelo Amor na história. Assim como o óleo do lampião de Psique queima Amor, abrindo nele uma ferida, o parceiro em questão também se sente perturbado, ferido e magoado com o novo comportamento da mulher. Sente-se assustado, talvez também surpreso, e não quer se sentir assim. Então, acaba se fechando e desaparecendo – como Amor – para nunca mais voltar, pelo menos enquanto ela não parar de usar a luz e o punhal. Para nunca mais voltar no sentido de que externamente se separa (talvez até, como Amor, voltando para sua mãe) e procura uma nova amada "na escuridão", ou então no sentido

de que se entrincheira, mergulha no trabalho e, do ponto de vista anímico e mental, mostra-se cada vez menos presente, mesmo quando, fisicamente, como de costume, volta à noite para casa e quer dormir com ela – que, contudo, passa cada vez mais a rejeitá-lo, "sentindo a necessidade" de reagir de acordo com a sua vivência.

Infelizmente, muitas vezes a realidade se assemelha ao conto: o homem não suporta a luz, que o fere, e vai embora. Mesmo irritada com a situação, em seu íntimo a mulher muitas vezes se sente exatamente como no conto: profundamente ligada ao homem, sentindo a falta dele, de seu corpo, de seu cheiro, de seu carinho e de sua juventude, que ainda estão impregnados em sua pele. Mas ela já não pode se entregar a ele – pois, para ela, teria de surgir outra qualidade nele, algo que fosse mais claro, mais consciente, fruto de mais diálogo, mais discussão. No entanto, ele rejeita tudo isso abruptamente e, como Eros, desaparece do relacionamento.

A busca por Eros

Para as mulheres que vivem essa situação, é importante observar como Psique lida com ela. Psique sofre uma grande dor – como, na maioria das vezes, as mulheres em nosso exemplo. Decidida, vai embora e passa a se dedicar às tarefas que lhe são impostas, as quais tem de resolver sozinha. No conto, ela também não tem escolha. E embora nesse momento se trate apenas dela, a situação igualmente tem algo a ver com Amor/Eros: as tarefas são impostas pela deusa do amor, Vênus/Afrodite, e o objetivo de cumpri-las não é outro senão reencontrar o Eros perdido; contudo, em um estágio novo e

mais maduro, e não mais apenas na escuridão inconsciente da noite.

Na vida real, nesse estágio, a situação fica muito difícil. Justamente na primeira fase da paixão, quando a mulher sentiu o eros de maneira tão intensa na sexualidade conjunta com seu parceiro, surgiu uma forte ligação. Ela não quer abrir mão desse sentimento. Sabe que ele é possível, que pode ser belo, e que, além disso, pode ser com esse homem. Mas também sente que esse amor já não pode ser como tem sido até então. É preciso mudar, estar mais "cara a cara". Assim, ela se arrisca e passa a se lamentar ao marido, ou ao menos sempre tenta fazer isso, nos momentos bons e ruins. Como isso de nada adianta, às vezes se cala e se fecha, buscando nos filhos e em outras mães alguma compensação... Mas Eros não volta e se afasta cada vez mais! O homem se torna um caso perdido, ao qual talvez ela ainda sirva, e que por vezes tenta educar, como a bela o faz com sua fera, porém ainda sentindo medo e repugnância de sua proximidade física e, por isso, evitando-a obstinadamente.

Como Psique reage no conto? Ela parte sozinha, ou seja, quando sente claramente que não dá para continuar sem "punhal" e sem "luz", e quando para o homem isso realmente nada significa além de se ver ferido, frustrado e descoberto, motivo pelo qual ele foge, então de nada adianta ir atrás dele. É doloroso, mas o que se quer mostrar é um claro distanciamento, um caminho próprio. Sigamos agora esse caminho dado pelo exemplo de Psique. Em nossa realidade, porém, isso nem sempre precisa significar uma separação externa. Em primeiro lugar, trata-se de um processo interno, e quero, conscientemente, deixar em aberto em que situação externa ele é realizado.

Nesse ponto, as descrições do conto tornam-se muito dramáticas. Psique é chicoteada, apanha, pensa várias vezes em suicídio, está sempre desanimada. Ampliados do ponto de vista mítico, aqui se apresentam todos os estados de ânimo que as mulheres podem sentir em situações semelhantes. No entanto, mesmo com todas as dificuldades, Psique não desiste. Não se conforma ("Não há mesmo o que fazer"), tampouco se amargura ("Os homens são mesmo todos iguais"), mas se submete às tarefas que deve cumprir. Sempre encontra ajudantes e aceita o auxílio deles. Isso não é uma coisa óbvia. Às vezes, as mulheres se sentem desamparadas nessa situação, acham que têm de resolver tudo sozinhas e acabam por sobrecarregar-se. Psique aceita ajuda: das formigas, do junco, da águia e da torre. Não pretendo entrar aqui em simbologias complicadas, extraio apenas o essencial delas: ela recebe ajuda e a aproveita, e essa ajuda deve ser múltipla e variada, porque ela está pronta a aceitá-la. Portanto, Psique diz às suas companheiras de destino atuais: não fujam da responsabilidade, não fiquem se lamentando a seus maridos. Além disso, decidir seguir o próprio caminho não significa não aceitar ajuda. Nessa situação, a ajuda dos outros é necessária, e até faz bem aceitá-la!

Também no que se refere às quatro tarefas que Psique tem de resolver com precisão, não quero entrar na simbologia certamente complexa e profunda. Isso tomaria muito tempo e, a esse respeito, o essencial já foi dito, e não posso nem gostaria de acrescentar nada.* Tal como a Gata Borralheira, Psique

---

* Cf. Erich Neumann, *Amor und Psyche: Deutung eines Märchens*. Olten: Walter Verlag, 1971.

tem primeiro de separar os grãos e as sementes; depois, tem de pegar flocos de pelo dourados de ovelhas selvagens (provavelmente, pensava-se em carneiros); em terceiro lugar, tem de ir buscar água na fonte do rio Styx, no reino dos mortos, e, por fim, precisa ir pessoalmente a esse reino para buscar, com a rainha Perséfone, um bálsamo de beleza para Vênus/Afrodite.

Como já mencionei, se não considerarmos em detalhes a simbologia, mas simplesmente prestarmos atenção no que é necessário para que cada tarefa seja resolvida, veremos o seguinte: para resolver a primeira tarefa, Psique tem de criar ordem no caos. Para resolver a segunda, é decisivo que ela espere até o sol se pôr, ou seja, ela precisa de tempo para poder agir sem hesitar no momento certo. Na terceira tarefa, valendo-se do recipiente, ela tem de dar uma forma à água, ou seja, àquilo que se dilui. Na quarta, tem um longo caminho a percorrer – no reino dos mortos –, e, nele, muitas figuras míticas exigem que ela lhes preste algum serviço para que ela possa continuar sua jornada. Nesse caso, ela tem de ajudá-las, porém sem perder seu objetivo de vista; portanto, ela não pode ficar parada, tem sempre de se livrar dos contratempos e seguir adiante, sem hesitar.

Até então, para Psique, apenas o relacionamento estava em primeiro plano, todo o restante era secundário. Ela se dedicara integralmente a ele e, de certo modo, nele também se perdera ao se fundir em simbiose. Nesse momento, porém, ocorre uma mudança: embora o relacionamento continue sendo muito importante e ela continue buscando Eros, outra questão passa a ser prioritária, questão essa que, à primeira vista, nada tem a ver com amor e relacionamento, ou seja, ordenar

as coisas; agir com coragem e no momento certo; dar forma ao amorfo; ajudar, mas não perder os próprios objetivos de vista; liberar-se e ir adiante... Talvez, nesse trecho, a muitas leitoras ocorra de forma totalmente espontânea o seguinte pensamento: tudo isso são coisas que eu gostaria de empurrar ou ter empurrado a meu marido... Coisas que evito porque, de algum modo, me incomodam!

Psique expulsou seu próprio amor para além do estado inconsciente e obscuro da fusão infantil. Ela queria ter um oposto na luz clara da consciência adulta e, assim, também ser ela mesma um oposto. Agora, uma vez que disse A, também tem de dizer B. Ela precisa tirar as conclusões dessa sua dinâmica interna: tem de se tornar uma pessoa independente, "completa", e a essas qualidades também pertencem esses "aspectos masculinos" que são necessários ao cumprimento das tarefas. Portanto, ela precisa superar as dificuldades e se reerguer, mesmo quando o desânimo se abate sobre ela.

Assim, Psique está sempre em busca de Eros. Não se desvia de seu objetivo e não se torna amargurada. Esse é um grande perigo que correm as mulheres em uma situação de vida semelhante. Embora tomem as rédeas da própria vida com coragem, perdem ou reprimem o outro lado, o da dedicação, que viveram um dia com o marido. A decepção é tão grande que desistem dele para sempre. Tornam-se parcialmente autoritárias, ativas, criativas e se perdem nas tarefas de ajudar e cuidar das crianças ou na profissão. O outro lado, o da dedicação afetuosa voltada ao marido, se perde. Homens como parceiros possíveis desaparecem de sua vida. O fato de com Psique ter sido diferente revela-se, sobretudo, em sua "desobediência" na quarta tarefa: ela tem de levar a Vênus o frasco

com o bálsamo de beleza eterna sem abri-lo, mas o abre para ter acesso à substância... Ou seja, mesmo com toda a "emancipação", quer ser e permanecer para o marido a mulher bela e cobiçada; além disso, não esconde a falta que sente dele.

A libertação do amor

Segundo o conto, ao abrir o frasco, Psique é punida por Vênus com o sono eterno por sua desobediência. Isso significa que esse sono seria eterno se Amor, por sua vez, não reaparecesse e não deixasse de lado todas as considerações: sem levar a mãe em conta, ele intervém. Corre em seu auxílio e a desperta. Assim, emerge da escuridão e – que milagre! – põe um ponto-final em seus segredinhos: socorre Psique – abertamente e diante de todo o mundo, ou seja, diante de sua mãe e de todos os deuses do Olimpo, e roga a Zeus para que ele legalize seu relacionamento com sua amada. Zeus o faz, elevando Psique à condição de deusa e possibilitando, assim, que o matrimônio seja devidamente realizado.

Portanto, após a última noite de amor, Eros não teria sumido sem deixar rastro, como parece. Também não fizera as pazes com a mãe. Mesmo antes de sua intervenção, o conto narra que Vênus fica sabendo do caso amoroso do filho. Segue-se uma discussão que não passa despercebida. O verdadeiro arquétipo da descompostura materna, que Apuleio faz Vênus passar ao filho muito ligado a ela e que começa a criar asas. Embora Amor esteja se recuperando de suas feridas em um pequeno cômodo tranquilo, de algum modo parece ficar sabendo do que acontece a Psique. Parece acompanhar o caminho percorrido por ela. E, aparentemente, isso o impressio-

na tanto que, quando ela se vê em apuros, ele acaba deixando todas as considerações de lado, contrariando a estratégia da mãe, despertando Psique do sono mortal e ainda encontrando forças para defendê-la abertamente.

Do ponto de vista psicológico, o que se poderia dizer a respeito? Certamente há homens que ficam cuidando da ferida causada pelo "punhal" e pelo "óleo do lampião" de sua "Psique" e nada aprendem, a não ser que busquem a próxima escuridão com outra mulher. Internamente, continuam ligados à própria mãe, de maneira que só podem viver seu amor "em segredo" (muitas vezes em relacionamentos externos) – por assim dizer, na escuridão da inconsciência. Mas também há homens cuja ferida os leva a ocupar-se de si mesmos e da própria vida. O acesso de fúria de Vênus no conto indica que isso não é possível sem uma libertação do vínculo com a mãe. Por certo, essa libertação não deve ocorrer sempre de modo tão mítico e dramático como apresentado no conto. Tampouco depende do grau da discussão, e sim dos passos dados rumo à libertação, e, para tanto, é preciso ter muita coragem, uma coragem que muitos homens em idade avançada não conseguem criar.

No final da nossa história, Amor/Eros desperta da escuridão para uma nova vida. Ele corre para socorrer a corajosa Psique em sua última crise e se coloca abertamente ao seu lado. Isso significa que, no final, Psique não consegue se virar sozinha. Para que o amor possa desabrochar em um plano novo e mais maduro, ou talvez até para que ele volte a florescer, também é necessário o despertar de um "novo" Eros no homem, que o leve a ficar ao lado de sua mulher como um homem completo – mente, corpo e alma – e que dê a esse relacionamento

o lugar central em sua vida. O "despertar" da mulher o colocou em crise; o fato de ela o ter pressionado com o punhal e o óleo do lampião o feriu e lhe causou dores, mas essa é a sua chance: de também sair da escuridão, de deixar de ser o jovem preso à mãe, de se tornar o parceiro apaixonado e em pé de igualdade com uma mulher também apaixonada. O conto simboliza esse "despertar", com a aceitação igualitária do casal por Zeus, no Olimpo dos deuses, e com o fato de que ambos têm um filho que traz o nome de "Prazer".

Se a partir disso lançarmos um olhar retrospectivo ao conto da bela e da fera, podemos avaliar novamente a diferença de visão em relação ao que ocorre no relacionamento de um casal: nesse conto, a bela tem de aprender a amar, porém esse amor tem um aspecto de submissão. Não há para ela nenhum desenvolvimento que a leve à independência, tendo ela de renunciar totalmente a seus desejos. Quanto à parte masculina, a fera, tampouco precisa de fato se desenvolver; tem apenas de ser domada e tornar-se um pouco mais caseira para que tudo fique em ordem. Que bom seria! Seria mesmo bom? Acho que não. O melhor caminho é aquele reconhecidamente árduo de Amor e Psique, que nos preenche de verdadeiro prazer quando estamos preparados para percorrê-lo.

3

O rei Barba de Tordo

Como uma
filha rebelde
se torna
uma mulher
apaixonada

De que trata este capítulo

Que fascínio uma mulher moderna ainda pode ter hoje pelo rei Barba de Tordo, esse homem cem por cento machão? Com todo o seu comportamento machista, ele é alguém cujo amor não é abalado por nada. Esse amor imperturbável faz com que a filha do rei renuncie às suas resistências internas de aceitar um pretendente e se torne uma mulher madura — certamente não sem que o próprio Barba de Tordo se transforme do macho aparentemente forte em um verdadeiro homem forte.

No capítulo anterior, partimos de um ideal de relacionamento ainda muito difundido: a mulher apaixonada salva o homem tosco, impulsivo, de certo modo "selvagem", que não consegue controlar seus sentimentos, educando-o, enobrecendo-o e transformando-o com seu amor... Um ideal de relacionamento não menos difundido existe em relação ao homem: como ele consegue que a mulher que não está, ou ainda não está, "tão distante" o ame. É o ideal de relacionamento em que "se doma a rebelde". Nos irmãos Grimm, esse ideal aparece no conto do rei Barba de Tordo.

Resumo do conto "O rei Barba de Tordo"

"Um rei tinha uma filha extremamente bela, mas tão orgulhosa e soberba que, para ela, nenhum pretendente era bom o suficiente." Após a filha rejeitar e fazer pouco de todos os pretendentes, o rei se enfureceu e a entregou como esposa ao primeiro músico andarilho que bateu à porta do castelo, cantando e pedindo uma esmola. Miserável, a princesa desejou de volta o rei que tentara conquistá-la e que ela chamara de "Barba de Tordo", por causa do queixo curvo. "Ah, eu devia ter ficado com o rei Barba de Tordo!" Contudo, isso de nada adiantou, e ela foi obrigada a deixar o castelo e a se mudar com o mendigo. Em muito pouco tempo, comprovou-se que a princesa, com suas mãos delicadas, não era capaz de exercer nenhum trabalho lucrativo. Não conseguia entrelaçar cestos nem tecer, e, ao tentar vender panelas e louças no mercado, um hussardo quebrou a mercadoria de barro antes que ela pudesse vendê-la. Restou-lhe apenas o trabalho como ajudante na cozinha do castelo, o qual não era pago em dinheiro, mas em comida. Dessa forma, ela juntava a comida em panelinhas que trazia amarradas debaixo da saia e, à noite, levava-a para casa. Por ocasião de uma grande festa dada em comemoração ao casamento do filho do rei, a pobre princesa esgueirou-se pela porta do salão e, diante do esplendor régio, maldisse a própria soberba, que a destinara à infelicidade. Então, o filho do rei se aproximou e a chamou para dançar. Ela se assustou e quis fugir; o cordão que prendia as panelinhas debaixo de sua saia rompeu-se, e a comida recolhida caiu toda no chão, para a alegria dos nobres convidados que estavam no salão de baile. Envergonhada, a princesa saiu correndo, mas seu par foi buscá-la com palavras gentis. Era o filho do rei, que se apresentou não apenas como rei Barba de Tordo, mas também como músico, mendigo e hussardo. Chorando, ela reconheceu que havia sido injusta com ele. Por fim, ele a consolou, dizendo: "Os dias ruins já se foram; agora vamos festejar nosso casamento".

Uma terrível história machista

Não há dúvida de que, à primeira vista, trata-se de uma terrível história machista, nada além disso. A mulher é intratável e soberba. Em contraposição, os homens representam a conveniência, a ordem, a moral e a razão. Pelo menos à primeira vista, a mensagem do conto é a seguinte: a resistência da mulher – por mais resistente que ela seja, e não, como quer a ordem das coisas, condescendente e adaptada – tem de ser rompida pelo homem. No conto de fadas, isso ocorre primeiro moralmente, pelo rei-pai, que determina o que é certo e errado para ela, e depois fisicamente, pelo Barba de Tordo, que a carrega contra a vontade dela, obriga-a a trabalhar – e provavelmente também a manter relações sexuais com ele –, rebaixa-a a ajudante de cozinha e, por fim, no castelo, quando ela quer fugir dele, assustada com o convite para a dança, ele vai buscá-la à força até que ela finalmente se submeta.

Esse tema da rebelde domada sempre aparece em contos, na literatura e na arte dramática – por exemplo, na famosa comédia *A megera domada*, de Shakespeare. Ele reflete diretamente, e não de maneira invertida, como o conto "A bela e a fera", a ordem patriarcal dos sexos de um tempo passado, mas parece tão atual quanto o tema da mulher que, com sua entrega abnegada, enobrece o homem. O conto do rei Barba de Tordo é igualmente muito popular. Também a peça de Shakespeare aparece frequentemente no repertório dos teatros, já foi filmada, ainda é apresentada na coreografia de John Cranko, com o famoso Balé de Stuttgart, e até como musical, com o nome de *Kiss Me, Kate*, de Cole Porter, já a vimos nos teatros. Como no passado, o tema da rebelde que é domada e que tem de

ser domada para se transformar adequadamente em uma mulher apaixonada parece fascinar as pessoas, tanto os homens quanto as mulheres. Qual a razão disso?

Por acaso essa história revela uma necessidade de dominação profundamente sedimentada entre os homens e uma necessidade de submissão profundamente sedimentada entre as mulheres? Ou revela as íntimas necessidades sadomasoquistas que existem nos homens (sádicos) e nas mulheres (masoquistas) e que os impelem à satisfação? Pode ser. Mas também poderíamos pensar que esse conto possui igualmente uma "camada mais profunda", que, embora seja desvirtuada pelo patriarcalismo, ainda contém uma mensagem válida também para nosso mundo de igualdade entre os sexos. Quero aqui tentar extrair essa mensagem do texto. Ao mesmo tempo, sinto-me inseguro, pois não sei se conseguirei fazê-lo de maneira convincente e se, no final, não se verificará que o conto nada mais é do que uma história machista, cuja mensagem atualmente só podemos tomar como um exemplo desencorajador para estudar as reminiscências de patriarcalismo que ainda se escondem em nossa alma – o que, por fim, também já teria algum valor.

Uma trágica história de pai e filha

Se não levarmos em conta todos os excessos de patriarcalismo na história e o fato de que Barba de Tordo obriga a filha do rei a acompanhá-lo contra a vontade dela, a mudar-se para uma cabana pobre, a cozinhar, lavar, vender panelas, e tudo isso com uma atitude presunçosa de educá-la; se também desconsiderarmos o modo como ele, bem no final, quan-

do ela quer fugir, manda buscá-la e a entrega ao escárnio dos cortesãos; se não levarmos em conta tudo isso, como podemos definir esse relacionamento entre ambos? Em todo caso, como um relacionamento em que existe uma forte diferença entre ela e o homem. Ele domina, ela se adapta. Trata-se de uma diferença semelhante àquela entre pai e filha. Por certo, esse tipo de relacionamento também existe hoje, e não necessariamente apenas quando há uma grande diferença de idade entre o homem e a mulher. Toda a responsabilidade está nas mãos do homem, ele determina ou "é obrigado" a determinar "porque" ela se adapta e, quando muito, se opõe ou se queixa. Ou ainda o contrário: ela se adapta – resistindo ou reclamando – ou também "é obrigada" a se adaptar "porque" ele sempre determina tudo de maneira imperativa, reivindicando toda a responsabilidade para si. Em linguagem técnica, falamos de um "relacionamento assimétrico", solidificado em um "superior-inferior".

Do ponto de vista psicológico, no início, o conto nos mostra com muita precisão que tipo de história está por trás desse "relacionamento assimétrico", pelo menos no que se refere à mulher. O que salta aos olhos é que se trata de uma trágica história entre pai e filha. Nesse sentido, em todo caso, o conto também é interessante para o relacionamento entre os casais de hoje, pois essas histórias também existem atualmente e influenciam o relacionamento dos casais. Qual é o lado trágico nessa história? O conto ilustra um desvirtuamento manifesto no relacionamento entre pai e filha, um desvirtuamento que, no entanto, é atribuído apenas à filha, enquanto ele, o pai, permanece moralmente intocável.

Em todos os pretendentes, a princesa encontra algo para criticar e ridicularizar. Se nos colocarmos em seu lugar, sere-

mos obrigados a dizer: ela se comporta como uma criança, embora seja descrita como uma "mulher de extrema beleza". Ainda não sabe do que se trata. Simplesmente não está madura o suficiente para iniciar um relacionamento. Ainda é muito jovem, pelo menos no sentido psíquico, para ser tornar a esposa de um homem, embora já deva ter alcançado a idade física para tanto.

Isso também fica claro pelo fato de que, em todo o processo, o pai é e permanece aquele que determina absolutamente o seu destino, e quanto mais ele tenta obrigar a filha a se tornar adulta, mais ele a mantém na posição de criança. Como tal, ela precisa criticar alguma coisa nos pretendentes, pois assim continuará exercendo seu papel de filha e não precisará deixar o pai. Muitas vezes é isso o que acontece em relacionamentos em que pai e filha continuam fortemente ligados um ao outro. Eles não podem ser reconhecidos como tal à primeira vista, pois a filha vive às turras com o pai, contradizendo-o em todas as ocasiões e desafiando sua ira sempre que possível – ao contrário do conto, em que ela o faz apenas indiretamente, ao rejeitar os pretendentes. Contudo, nesse "confronto", tal como a princesa, ela permanece tão entregue ao poder do pai como quando ainda era uma criança submissa e amável para ele.

Assim como muitas vezes aparece nos contos de fadas, também aqui se percebe que, seja qual for a razão, não se fala em mãe no caso dessa princesa. A mãe falta como contrapeso às rígidas diretivas do rei. Falta, sobretudo, como pessoa de referência para a filha, que nela poderia encontrar apoio e proteção. Há certo desequilíbrio nessa história. A filha tem uma relação muito forte com o pai, e ele com ela. Não estaria o rei

querendo, a todo custo, entregá-la a um homem porque sua beleza desabrochada está se tornando "muito perigosa" para ele? Seria perfeitamente possível, e, por isso, a filha não se vê livre para entrar na vida adulta, ainda que, aparentemente, seu pai queira se livrar dela.

Ainda hoje é comum encontrar uma situação desse tipo como pano de fundo na vida de mulheres que têm um relacionamento problemático com o parceiro: em sua família de origem, a mãe não chega a existir realmente como mulher. Entre os pais não há um relacionamento erótico, nenhuma ligação adulta, mas, em vez disso, conflitos velados e não resolvidos de modo construtivo. A filha, pequena e sensível, sente tudo isso de maneira intuitiva, tenta ser especialmente amável e alegre, assumindo, assim, o papel de quase parceira ou amante do pai. Por um lado, isso a faz crescer muito precocemente – como confidente afetuosa do pai, com a qual ele pode abrir seu coração. Por outro, porém, ela não pode crescer muito, pois nesse caso se tornaria muito perigosa para ele ou então escolheria ter a própria vida, afastando-se dele.

Quando crescem, por um lado, essas "filhas muito ligadas ao pai" com frequência se tornam mulheres atraentes, sedutoras, competentes em sua profissão e muito bem-sucedidas,* mas, por outro, permanecem desamparadas na alma e psiquicamente inaptas para a vida, como a princesa. Não aprenderam a ser alguém por si mesmas. A relação interna e desmedida com o pai faz com que nenhum homem seja realmente adequado para elas, a quem sempre têm algo a criticar, para que

---

* Cf. a respeito minhas exposições sobre os diversos tipos de ligação entre pai e filha, em Hans Jellouschek, *Warum hast du mir das angetan? Untreue als Chance*. Munique: Piper Verlag, 1995, pp. 104-9.

assim possam continuar sendo fiéis ao pai como filhas. Ou então, conforme ilustra o conto mais adiante, se elas se decidirem por algum homem, pode ser que ele praticamente tome o lugar do pai, porque elas passarão a ter com ele uma "relação desmedida" e se perderão, tal como ocorria com o pai. Essas mulheres não sabem nem compreendem quem elas são de verdade e o que precisam para si mesmas. Assim, ocorre com elas o mesmo que ocorreu com a princesa no conto: embora em muitos aspectos sejam "especiais" em sua posição de destaque, psiquicamente se sentem como a mulher do mendigo ou a ajudante de cozinha, tal qual a filha do rei, que é degradada no conto.

Nesse caso, é importante considerar que de maneira alguma essa situação surge apenas quando os pais têm uma ligação muito forte com as filhas, quando as mimam e as cortejam de modo inadequado. Também em filhas de pais "ausentes" formam-se modelos bem semelhantes. Nestas, o pai torna-se o ponto de referência de um anseio insatisfeito, que, de maneira muito semelhante, as transporta de si mesmas para uma relação desmedida com o aspecto paterno-masculino, sobretudo quando a filha não conseguiu estabelecer um relacionamento sólido com a mãe. Em sua imaginação, ela anseia a imagem ideal do pai ausente.

Portanto, nesse sentido, o conto do rei Barba de Tordo é totalmente atual, na medida em que apresenta as dificuldades dessa filha ligada ao pai em seu desenvolvimento em mulher capaz de amar, e ajuda a compreender os contextos psicológicos. Na representação do conto, também é realista o fato de que, geralmente, os problemas só se tornam evidentes quando do a mulher, apesar de toda resistência, encontra um homem

e com ele sai de casa. Pois então começa para a filha muito ligada ao pai um caminho árduo e doloroso.

A difícil história de um casal

Voltemos o olhar para a escolha do parceiro. Também a esse respeito o conto reproduz a vida real. Embora a jovem mulher seja rebelde e nenhum homem lhe seja bom o suficiente, seu pai determina a escolha do parceiro. É o que também acontece com frequência nos casos em que, externamente, parece ocorrer o contrário porque a filha se opõe com rebeldia aos desejos do pai. Não obstante, do ponto de vista psíquico, no inconsciente é o pai quem determina a escolha do parceiro. Pois ela acaba encontrando um homem que, embora externamente seja concebível como diferente, internamente é idêntico a seu pai. Isso se mostra no fato de que ele se comporta com ela do mesmo modo que o rei: sem ouvi-la, diz como as coisas devem ser, simplesmente a tomando e determinando tudo. Talvez no conto isso também seja representado de maneira simbólica: o queixo protuberante de Barba de Tordo poderia ser um símbolo fálico que exprime sua fixação exagerada na dominação masculina, que exige submissão por parte da mulher.

Contudo, o que ele mostra não é nada masculino nem imponente. Como músico e mendigo, mostra-se pouco maduro. Ele próprio em nada contribui para o sustento de ambos e faz com que a mulher trabalhe para ele. Embora adote um tom paternal e educador, essa postura não corresponde nem um pouco a ele, pois, como se pode ver, vive da mão para a boca: "Viviam do que ganhavam enquanto durava", diz o conto. Por fim, ele ainda lhe atribui a culpa quando seus esforços

para vender não dão certo e as panelas se quebram no mercado: "Que ideia expor a louça em uma esquina do mercado!", reclama.

Temos de nos perguntar o que na verdade o rei Barba de Tordo mostra aqui: externamente, é adulto, é um rei. Mas, internamente, também parece ter um desenvolvimento falho. Nada sabemos de sua história pregressa, mas, pelo modo como se comporta, uma coisa é certa: o rei Barba de Tordo também tem de percorrer um longo caminho até ser capaz de se tornar o homem adequado para a filha do rei. Isso não contradiz sua "posição paternal" na relação. Em regra, em uma "relação superior-inferior", não apenas quem está embaixo tem de crescer. Nessas relações, o "superior" costuma compensar "o inferior" ameaçador. O "superior" não se sente tão seguro em sua posição. Ele precisa de alguém que esteja abaixo dele, que se submeta a ele, para que possa sentir-se "superior". Isso não significa que, nesse tipo de relação, aquele que determina também não possa ter seu lado realmente forte, como (provavelmente) ainda se verifica no caso de Barba de Tordo. Mas, em geral, esse lado forte também costuma conter insegurança e hesitação; além disso, sempre precisa da confirmação que a pessoa em questão às vezes procura, de modo um tanto compulsivo, na necessidade constante de determinar.

Também no que diz respeito à escolha do parceiro da filha do rei, o conto exprime o que, do ponto de vista psicológico, é muito pertinente e, na dinâmica da formação de casais, costuma ser comum: com frequência, filhas muito ligadas ao pai "encontram" homens que se comportam de maneira paternalmente dominante (ou, às vezes, também de modo paternal e atencioso), mas que internamente ainda têm muito que ama-

durecer. Este é, por assim dizer, "o lado mendigo" que ainda pertence a Barba de Tordo, mesmo quando, de maneira geral, ele se comporta como rei.

Por conseguinte, quando ambos se unem, o brilho externo – tal como no conto – desaparece rapidamente. Então advém o sentimento de pobreza e penúria psíquicas, como com Barba de Tordo e a princesa na condição de casal de mendigos. Um deles – geralmente a mulher, como no conto –, sentindo essa miséria, vê a necessidade de se queixar e passa a fazê-lo constantemente: "Ah, como sou infeliz porque o Barba de Tordo eu não quis!" O que, desse ponto de vista, poderia ser traduzido por: "Achei que fosse ter um rei, e agora ele se mostra um mendigo!"

Como a maioria dos contos de fada, este também não termina na pobreza. Os contos sempre ilustram caminhos de desenvolvimento a partir da miséria. E o mesmo ocorre aqui. A história diz: embora seja assim, esses problemas são um estímulo e um desafio necessários ao desenvolvimento que leva ao amadurecimento pessoal e à capacidade adulta de amar. Como esse desenvolvimento se mostra na perspectiva do conto?

Percebemos quão problemática a representação se torna aqui. Em "A bela e a fera", a mulher educa o homem tosco com amor e dedicação. Em "O rei Barba de Tordo", é o homem quem educa a mulher, mas "de modo masculino", ou seja, empregando poder e força. Ele a obriga a trabalhar, a vender panelas, a se tornar ajudante de cozinha e ainda a entrega ao escárnio dos cortesãos quando ela deixa cair, no meio do salão de baile, a comida que havia escondido debaixo da saia. Desse modo, ele quebra seu orgulho, sua resistência, fazendo dela uma mulher obediente.

No entanto, acredito que, para além dessa ideologia machista, que sem dúvida está contida no conto, há algo mais a ser notado, que poderia tocar e abalar profundamente casais que se encontram em uma situação semelhante. Isso ficou claro para mim pelo modo como uma mulher reagiu ao conto alguns anos atrás, em um seminário em que estávamos trabalhando, em uma perspectiva terapêutica, os contos de fada preferidos dos participantes, homens e mulheres. Tal mulher ficou profundamente impressionada com essa história. Fiquei surpreso, pois estava antes esperando por uma rebelião feminina ao conto. Mas ela disse: "Como o Barba de Tordo luta por essa mulher! Ele não desiste. Está sempre tentando conquistá-la. Transforma-se em todas as figuras possíveis, no músico, no mendigo, no hussardo – tudo isso para, finalmente, poder ficar perto dela. Não é de admirar que, depois de todo o esforço e empenho dele, ela tenha cedido e conseguido amá-lo!"

Essa reação me deu a chave para uma nova compreensão. Seria possível que, apesar de todas as porções de imaturidade e talvez de neurose que existem em Barba de Tordo, elas sejam apenas um dos seus lados? E que, "por baixo", ainda haja outro lado, uma força intensa e profunda para amar? Portanto, algo que a filha do rei de fato precise com urgência para libertar-se de sua "rebeldia"? "E então o cordão se rompeu", diz o conto bem no final. A referência é ao cordão que prendia as panelinhas nas quais a princesa, como ajudante de cozinha, guardava a comida. Mas também pode ter uma significação simbólica: como o rei Barba de Tordo "insistiu" muito, o cordão que amarra o amor dela se rompeu.

Que indícios poderia haver no conto para Barba de Tordo não ser apenas um machista que quer dominar, mas também

um homem apaixonado, cuja força de amar ajuda a filha do rei a retribuir a seu amor? Observemos novamente o rei Barba de Tordo com os olhos da participante de meu seminário.

Em primeiro lugar, ele é alguém que não desiste. Com persistência inabalável, tenta conquistá-la – às vezes, é bem verdade, de maneira estranha – e não se deixa esmorecer. A rejeição e o escárnio da filha do rei não o deixam inseguro nem o desconcertam. Sua depreciação não o leva a se retirar resignadamente. Isso significa que há nele uma porção de amor-próprio autêntico e intenso, do contrário ele não resistiria e não conseguiria se manter tão seguro em relação a seu amor e a seu afeto pela filha do rei. E, em segundo lugar, é surpreendente como Barba de Tordo se mostra flexível. Torna-se músico, mendigo, hussardo – e tudo isso, segundo o ponto de vista da participante do meu seminário, para poder ficar perto dela.

Portanto, pela primeira vez, o rei Barba de Tordo faz com que homens progressistas que rejeitam o machismo também ouçam com atenção. Visto dessa forma, ele poderia, em primeiro lugar, suscitar a seguinte questão: "Estaria eu manifestando meus sentimentos com clareza? Seria eu capaz de defender, com essa evidência e essa autoconsciência, meu amor por uma mulher? Ou será que o primeiro indício de resistência e indiferença já me perturba?" Às vezes, justamente aos homens abertos e sensíveis faltam a coragem e a autoconsciência para serem solidários consigo mesmos e com seus próprios sentimentos. Com frequência, eles mesmos se questionam quando a mulher não reage conforme o esperado. Uma dose da evidência inabalável de Barba de Tordo poderia fazer-lhes bem.

Outra pergunta que Barba de Tordo poderia suscitar aqui é a seguinte: "Estarei pronto para lutar por meu amor? Assu-

mirei o esforço de mudar meu papel de vez em quando, por exemplo, deixando de lado o 'homem trabalhador', fazendo algo inabitual, liberando-me da 'obrigação' e arriscando-me em uma aventura por esse amor?" No conto de fadas, Barba de Tordo está pronto a lutar muito por seu amor. Com frequência, vejo homens que, embora tenham sentimentos totalmente autênticos e profundos, com o tempo acabam perdendo de vista a necessidade de exteriorizá-los concretamente, para que o amor que trazem em si "chegue" à parceira. Isso não é automático. É preciso decidir-se a fazê-lo e agir de modo consciente, por exemplo, planejando um fim de semana a dois, trazendo uma lembrança da viagem, conversando espontaneamente sobre determinado assunto... O que estou realmente investindo na relação? Essa é uma pergunta que o rei Barba de Tordo faz a muitos homens.

Ainda poderíamos levantar uma terceira pergunta aqui. Muitas mulheres se queixam: "Ele é tão inflexível, tão rígido. Não está pronto para sair do seu esquema habitual. Não participa de nada que não tenha sido planejado, nem mesmo de um curso de dança, e, quando mostro meus sentimentos, não se dispõe a ceder..." Em questões de amor, parece haver entre homens e mulheres uma tendência a uma diferença essencial, cujas origens não pretendo investigar aqui. No amor, as mulheres tendem a se entregar ao homem e a "segui-lo". Por ele e pelas crianças, aceitam, por exemplo, mudar-se de casa a cada três anos, desistem da vida social e profissional, renunciam à carreira e assim por diante. Às vezes, em nome do amor, exigem demais da própria flexibilidade e acabam por se perder. Em contrapartida, embora no relacionamento os homens tenham a tendência a assumir o comando, tal como faz Barba

de Tordo, acabam ficando rígidos e inflexíveis até nas pequenas coisas do dia a dia. E então correm o risco de perder a
parceira. Talvez o rei Barba de Tordo, que se transformou em
mendigo, músico e hussardo, possa ensinar alguma coisa aos
homens: uma liderança forte pode ser muito útil, no entanto
ela precisa continuar sendo animada pelo amor; isso tornará
o casal flexível, uma vez que atenderá ao que a parceira precisa.

Um final feliz?

Visto dessa forma, também podemos interpretar o conto
da seguinte maneira: o que "doma" a "rebelde" com eficácia,
o que realmente quebra sua resistência, o que torna possível
seu amor e sua entrega não é o poder arrogante exercido pelo
homem nem suas medidas educativas, mas um forte amor
masculino que Barba de Tordo sente por ela, que não se can-
sa de lhe mostrar, e que, para ele, vale todo esforço; um amor
que o torna flexível, cheio de ideias e criativo, até que ele a
convença. Mesmo com toda a imaturidade que somos levados a supor que haja em Barba de Tordo, ele desperta o amor
na filha do rei. Abrindo espaço para esse amor, ele embarca
nele, e é esse amor que ajuda ambos a finalmente superarem
sua imaturidade e seu vínculo.

Sem levar em conta a possibilidade de estarmos vendo Barba de Tordo de maneira demasiado positiva, ainda restam duas
perguntas. A primeira: O que sente uma mulher quando o
amor de um homem é realmente tão autêntico e profundo?
Quando a ação de um homem como Barba de Tordo é de fato
expressão desse tipo de amor, e quando é uma vontade inci-

siva de querer mandar e não conseguir se libertar? Nesse caso, isso seria um sinal de que ele "ama" com o amor de um filho que, além de muito ligado à mãe, é muito coercivo, pois reivindica o afeto materno da mulher e, por isso, faz de tudo para obtê-lo. E, assim, retornaríamos diretamente ao "machismo".

Segunda pergunta: Quando a condescendência da mulher é uma verdadeira superação da sua resistência à entrega, e não uma capitulação à insistência do outro – pela própria insegurança ou por uma suposta obrigação moral? Como já foi dito, com frequência, filhas muito ligadas ao pai dão pouca atenção a si mesmas e a seus sentimentos, e acabam se tornando submissas por acharem que têm de contentar o pai, ou melhor, o marido, não obstante aquilo que sentem.

Infelizmente, o conto não oferece nenhuma indicação de resposta às duas perguntas, e, desse modo, somos remetidos à nossa própria percepção e ao nosso sentimento. Sentiremos isso quando encontrarmos um amor como esse ou, com o passar do tempo – por certo não sem dor –, aprendermos com a experiência a distinguir uma coisa da outra. Em todo caso, estou convencido de que, apesar de todas as porções "neuróticas" e de todos os vínculos que ainda existem, como ilustrado anteriormente, o amor entre um homem e uma mulher pode acontecer com uma profundidade que tem a força de superar esses vínculos. Talvez, para tanto, ele precise da ajuda da terapia e do aconselhamento, contudo essa ajuda só pode desatar o que já existe, não pode "produzir" o amor.

Portanto, para o desfecho do conto, há duas possibilidades de interpretação: uma é que o rei Barba de Tordo impõe sua vontade invadindo o outro sem a menor consideração. Ele rompe a resistência da mulher, e ela acaba por submeter-se à

sua pressão. Entendido dessa forma, o conto poderia, quando muito, servir-nos como uma parábola desencorajadora: antigamente, costumava ser assim entre homens e mulheres. E assim ainda ocorre hoje – de maneira oculta e mais no nível psíquico –, e não raras vezes. Casais que, do ponto de vista psíquico, se sentem como a ajudante de cozinha e o mendigo poderiam usar o conto como espelho no qual o homem se vê e se pergunta: Será que o que eu desejo realmente é amor ou coagir algo que só pode existir de maneira espontânea? E será que esse desejo de me impor não viria do desamparo e da necessidade do menino que há em mim, que quer controlar o amor da mãe na mulher?

Do mesmo modo, a mulher poderia olhar-se nesse espelho e perguntar-se: Por que eu participo dessa coerção? Por qual insegurança interna me submeto? Por qual consideração interna me sujeito a isso? Por que não dou um basta nesse aviltamento?

Assim, a interpretação do conto também poderia render o efeito de uma "história machista e nada mais". Contudo, se nos decidirmos pela outra possibilidade de interpretação, certamente mais "bonita", então o final do conto também nos aparecerá sob outra luz: não como submissão, e sim como libertação do amor. Essencialmente, desde o início, esse amor estava disponível no personagem do rei Barba de Tordo e foi autêntico e profundo. Foi esse amor que o fez avançar e permitiu que ele se transformasse em todas as figuras possíveis. Assim, ele como que se libertou sozinho para poder amadurecer.

Perto do final da história, quando Barba de Tordo convida a filha do rei para dançar, isso poderia significar que ele

está renunciando a educá-la e domá-la. Agora ele se mostra simplesmente como homem apaixonado e tenta conquistá-la. E, na versão mais antiga do conto de fadas – no chamado manuscrito de Ölenberg, que, por acaso, foi preservado –, ele chega a lhe pedir desculpas pelo homem que fora antes! Assim, e não por meio de coerção e submissão, ele se torna mais forte que o rei-pai; nisso constitui sua força, que permite à filha do rei libertar-se de seu vínculo com o pai e aceitar Barba de Tordo.

A partir daí, poderíamos até extrair outro sentido das "medidas para domar a princesa", pelo menos quanto ao que elas deveriam provocar. Para alcançar o amor, a princesa precisa aprender a renunciar a sua soberba e a seu temperamento rebelde. Desse modo, é evidente que o orgulho e o escárnio do início eram uma defesa por parte dela. Com eles, ela tentava se proteger e se preservar. E, ao aprender a vender panelas, cuidar do lar e preparar comida como ajudante de cozinha, a filha do rei teria deixado o mundo do brilho irreal, atrás do qual se havia entrincheirado, para amadurecer e, assim, entrar no mundo de verdade, tornando-se uma mulher "totalmente comum", mas "real".

Segundo o conto, ela teve de lutar ao mesmo tempo com o sentimento de culpa e com a vergonha. Com o sentimento de culpa ("Se eu tivesse..."), porque deixa o antigo papel de princesa por intermédio do pai, e com a vergonha (como ajudante de cozinha perante a corte), porque, sem joias nem maquiagem, passa a se mostrar, por assim dizer, tal como é. Com coragem e coerência, ela atravessa todos esses sentimentos ruins e, assim, internamente, também se torna aquilo para o qual, externamente, já está pronta: uma mulher adulta, que se tornou capaz e preparada para aceitar o amor.

Com isso, a relação assimétrica "superior-inferior" do início é anulada em favor de uma relação igualitária. Como rei e rainha, estão no mesmo patamar. Pois, quando o amor entre um homem e uma mulher passa a existir, já não há posição superior nem inferior. Assim, o conto conclui-se de modo pertinente com a frase: "E somente então começou a verdadeira felicidade".

4

A ondina do lago

Como o homem
pode superar
o medo da
proximidade
feminina
e aprender a
desfrutá-la

De que trata este capítulo

As mulheres sabem cantar muitas canções tristes sobre o medo que os homens sentem de se aproximar delas. Uma fantasia de relacionamento bastante antiga: o homem que é seduzido pela mulher e "é arrastado para o abismo". Tão antiga quanto essa é a fantasia oposta: o homem que se entrega com paixão à mulher amada e vive o paraíso na terra. O que essas duas fantasias, a do desejo e a do medo, têm em comum? Como essa oscilação "ambígua" de muitos homens entre um polo e outro pode ser superada em favor de um amor "unívoco"?

U ma fantasia de relacionamento que também sempre aparece em nossos contos de fadas e mitos é a da ondina sedutora e do homem que não consegue resistir à sua sedução; por ela é atraído ao abismo e, consequentemente, à ruína. Na maioria das vezes, essa ondina má e sedutora contrapõe-se a uma esposa boa e companheira. O homem fica entre as duas mulheres. Nos irmãos Grimm, a mulher boa vence a luta contra a má, mas somente após esforços quase sobre-humanos. Nessa versão, a história tem o seguinte desenvolvimento:

Resumo do conto "A ondina do lago"

Era uma vez um jovem caçador, filho de um moleiro, que vivia feliz com sua mulher em uma pequena casa. Na época de seu nascimento, o pai vira-se em dificuldades financeiras e, em troca da ajuda de uma ondina, prometera-lhe "o que de mais novo houvesse em sua casa", sem pensar que com isso estava oferecendo seu único filho. A infelicidade atingiu o jovem quando ele foi lavar as mãos na lagoa após estripar uma corça. A ondina emergiu das águas e, sorrindo, enlaçou-o nos braços molhados e puxou-o para baixo. À noite, como ele não voltava para casa, sua mulher saiu com mau pressentimento para procurá-lo. Encontrou sua bolsa de caça à beira da lagoa, a qual circundou várias vezes, chorando e se lamentando. Quando adormeceu de cansaço, sonhou com uma mulher idosa, que iria ajudá-la. No dia seguinte, encontrou de fato a mulher, a qual lhe deu um pente dourado que ela deveria colocar à beira da lagoa em noite de lua cheia. Então a esposa do caçador esperou até a chegada dessa lua. No momento oportuno, agiu conforme o recomendado, e a lagoa levou o pente para as profundezas, de onde emergiu seu marido, que, no entanto, logo desapareceu novamente. Ela ainda teve de lhe oferecer mais dois objetos — uma flauta e uma roda de fiar —, até seu marido ser completamente libertado e voltar a terra para junto dela. Entretanto, a alegria durou pouco: a ondina não se deu por vencida e mandou uma enorme enchente, que submergiu os dois. Não obstante, o caçador e sua mulher foram transformados em sapo e rã pela mulher idosa e prestativa. Assim, eles sobreviveram à enchente, mas foram separados a uma distância tão grande um do outro que, mesmo já de volta à forma humana, ainda perambularam muitos anos pela região, como pastores, até finalmente voltarem a se encontrar. "Então eles se abraçaram e se beijaram. Se estavam felizes, ninguém precisa perguntar."

O tema da ondina sedutora que leva o homem à ruína aparece com frequência na literatura e na música. Como exemplo característico, gostaria de citar um poema de Joseph von

Eichendorff, musicado de maneira impressionante por Robert Schumann.

Viagem de primavera

Pela primeira vez saíram de casa
dois jovens vigorosos,
tão exultantes nas ondas claras,
sonoras e cantantes
da plena primavera.

Tinham elevados anseios,
queriam, apesar do prazer e da dor,
realizar algo bom no mundo,
e por quem passassem
eram vistos com benevolência.

O primeiro encontrou um amorzinho,
a sogra comprou terreno e casa,
ele logo acalentou um menininho,
e da intimidade do quartinho,
olhava com deleite para o campo.

Ao segundo cantaram e mentiram
as mil vozes profundas
de sereias sedutoras, que o atraíram
para as vagas que o cortejavam,
para as vagas do abismo colorido.

E quando emergiu do abismo,
já estava velho e cansado,

seu barquinho jazia no fundo,
ao redor só havia silêncio,
e sobre as águas o vento era frio.

As ondas da primavera
soaram e cantaram sobre mim;
e quando vejo rapazes destemidos,
as lágrimas brotam em meus olhos.
Ah, Deus, leva-nos com amor a ti!*

Nesse poema, as ondinas são chamadas de "sereias", o que naturalmente logo nos faz lembrar de Ulisses: na *Odisseia*, fala-se das sedutoras habitantes de uma ilha que, com seu canto atraente, enfraquecem marinheiros fortes e os levam à ruína. À diferença do conto dos irmãos Grimm, em Eichendorff trata-se não de um, mas de dois homens, dois "jovens empreendedores" igualmente esperançosos, sendo que um deles segue pelo caminho justo e o outro se arruína. O caminho justo é indicado pelo "amorzinho", que logo se torna esposa e mãe e, com a ajuda da "sogra", representa o fundamento para uma vida confortável e honrada, com o primogênito, a casa, o terreno e a propriedade. O outro acaba arruinado, pois se deixa iludir pelas "sereias", que, com as "vagas que o cortejavam" e o "abismo colorido", evocam claramente temas sexuais, sobretudo com o acompanhamento dos bemóis cambiantes da música de Schumann nessa interpretação. O jovem é puxado

---

* Citado em Max Friedlaender (org.), *Robert Schumann: Lieder für eine Singstimme mit Klavierbegleitung*. Frankfurt, Nova York, Londres: Peters Verlag, s.d., vol. 1, pp. 156-59.

para as profundezas, das quais volta a sair sozinho e velho, o que expressa manifestamente que sua vida está arruinada.

Seria o mesmo homem, como nos irmãos Grimm, ou dois diferentes, como em Eichendorff, aquele com a "mulher boa", que cuida dele e dos filhos e o apoia com abnegação, e aquele seduzido pela ondina ou sereia, que o explora e o atrai para o abismo? De que experiências de relacionamento ainda válidas hoje entre os sexos se trata aqui? Por que essa oposição entre a "mulher boa, que assegura o bem-estar", e a "mulher má, que atrai para a ruína", sempre volta a surgir, e qual problema de relacionamento deveria – talvez – ser resolvido? Aparentemente, a proximidade do homem com a segunda mulher, que é má, é estimada como muito perigosa, e justamente porque ela ameaça fazer com que ele perca a potência em sentido amplo: "E quando ele emergiu do abismo, já velho e cansado, seu barquinho jazia no fundo, ao redor só havia silêncio, e sobre as águas o vento era frio"! Por que aqui essa proximidade entre o sexo "forte" e o sexo "fraco" é tão perigosa? Para encontrar uma resposta a essa pergunta, eu gostaria de voltar ao início e, em primeiro lugar, analisar uma experiência bastante cotidiana entre homem e mulher.

O medo que o homem sente da proximidade da mulher

Volta e meia ouço das mulheres as seguintes e semelhantes declarações sobre os homens: "É estranho, quando quero olhá-lo nos olhos, ele desvia o olhar, como se ficasse sem jeito"; "Quando ele volta para casa, sempre tem milhares de coisas para fazer. Só fica sentado ao meu lado por alguns minutos,

não aguenta ficar comigo por muito tempo"; "Durante o sexo, ele fecha os olhos e como que se afasta. Tudo ocorre de maneira puramente instintiva, sem nenhum contato comigo"; "Ele não sabe fazer uma carícia nem ser carinhoso. Ou vai logo 'para o que interessa', ou simplesmente nada acontece"; "Quando o toco inesperadamente por trás, ele se sobressalta, como se eu fosse lhe fazer alguma coisa..." Nessas declarações, trata-se do tema "proximidade", sobretudo daquela emocional e psíquica. Muitas mulheres têm a sensação de que seus parceiros evitam essa proximidade, que fogem e se protegem delas, porque as temem. Portanto, nessas situações cotidianas já surge esse medo masculino da proximidade feminina, embora pareça não haver nenhum indício de ondinas perigosas!

É curioso que os homens também tenham um grande anseio pelas mulheres, principalmente pelo aspecto feminino. Quando conversam entre si, sobretudo quando ainda são jovens, o assunto mais importante é esse. Parte preponderante de nossa lírica amorosa provém de homens. Com frequência, para sofrimento de suas parceiras, uma única mulher chega a ser pouco para eles, conforme mostram os muitos relacionamentos fora do casamento ou paralelos a ele. E, quando se apaixonam, como podem ser próximos! Muitas vezes, as mulheres ficam totalmente emocionadas e fascinadas quando se lembram desse período.

No peito do homem parece haver, especialmente nesse caso, as famosas "duas almas": uma anseia a mulher, a proximidade e a fusão com ela, e a outra a teme, é cautelosa, a evita e a bloqueia.

Medo de quê?

O que as mulheres que desejam a proximidade têm de perigoso para os homens? Provavelmente, em primeiro lugar, o seguinte: os homens querem continuar sendo os senhores da situação. Porém, no que se refere à proximidade, se a mulher toma uma iniciativa maior do que o homem, porque isso corresponde mais às suas próprias necessidades, então ela acaba assumindo o controle. Não raro, a reação do homem é a de já não "conseguir" – a começar por manter o contato visual até a relação sexual. Parece que os homens têm a tendência a precisar manter o controle, mesmo quando se refere a regular a distância e a proximidade. Quando essa regulação ameaça escapar-lhes porque a mulher passa a tomar mais iniciativa, a situação se torna desconfortável para eles – embora, por outro lado, aqui também exista o secreto anseio masculino de ser verdadeiramente "tomado" pela mulher, sobretudo no sentido sexual –, até que recorrem a uma "mulher dominadora", cuja oferta se orienta a satisfazer essa necessidade. Portanto, novamente se observa uma ambiguidade peculiar. De que modo ocorre e o que esconde a proximidade da mulher como fonte de prazer e como perigo – e, quando esse perigo é vivido, a mulher parece assumir para o homem os traços da ondina que se transformará em sua ruína –, como no caso do filho do moleiro, no conto dos irmãos Grimm, e no do segundo jovem, em nosso poema?

Para compreender isso completamente, temos de voltar ao início da vida do homem, à sua experiência com o sexo feminino. Nesse sentido, reconhecemos que essa primeira experiência é ambígua. Por um lado, o menino está totalmente relaciona-

do à mãe: em seu ventre, ele se encontra unido a ela e, após o nascimento, depende inteiramente dela. Todavia, por outro lado, ele também é "bem diferente" dela: em seu sexo ele já difere dela desde o princípio. Talvez aqui esteja a raiz da ambivalência do homem em relação ao sexo feminino. Ele veio da mãe e nela encontrou alimento, segurança e proteção. Ela é a fonte primária do prazer e da vida. Por isso, para ele, a fusão com o sexo feminino é e continua sendo a essência de toda felicidade. Mas esse é apenas um lado. O outro é que ele também tem de se separar dessa mãe para se tornar ele próprio. Por isso, depender dela também é perigoso. Ele precisa separar-se para não se perder; precisa ir embora para encontrar sua própria masculinidade. Se ele não se desligar dela nem amadurecer, vai se tornar um filho preso a ela, incapaz de "se afirmar".

Nesse sentido, as meninas e os meninos distinguem-se desde o princípio. Embora a menina também tenha de se desligar da mãe para encontrar seu "eu", ela pode permanecer sempre "no âmbito feminino". Por essa razão, essa solução não precisa ser tão radical. Por ser do mesmo sexo que a mãe, ao se desligar dela, a menina pode manter um vínculo muito mais forte com ela sem se perder.

Doando a vida e aniquilando a vida

Eis por que para o homem, desde o princípio, o aspecto maternal e, com ele, principalmente o aspecto feminino são, ao mesmo tempo, felicidade e perigo. Isso parece ser uma experiência masculina fundamental e genérica, pois a ambiguidade peculiar do feminino para o homem se reflete de várias

maneiras nas tradições da humanidade. As divindades maternas das antigas religiões sempre tinham esse duplo aspecto: doar a vida e aniquilar a vida. Essas divindades são representadas com vários seios fartos e, ao mesmo tempo, com instrumentos para matar nas mãos: "amor materno que se derrama e vampirismo que devora e consome" é a expressão para traduzi-las. A deusa-mãe "é a ama que nutre e a bruxa que devora crianças em uma só pessoa".* Também encontramos essa bruxa nos contos de fadas, de maneira mais evidente no de "João e Maria", que, por um lado, acolhe e mima as crianças, e, por outro, tranca João em uma jaula para engordá-lo e, depois, comê-lo.

A essa experiência masculina fundamental e genérica acrescentam-se ainda experiências específicas da história de vida por meio de situações familiares especiais, pelas quais a ambivalência de muitos homens em relação à proximidade feminina ainda pode se intensificar bastante: como filhos, tiveram mães que neles procuravam a dedicação afetiva que só poderiam receber de seu parceiro, mas que não receberam – pois os homens estavam ausentes em virtude da guerra, da prisão e, mais tarde, porque estavam muito ocupados com a reconstrução e o milagre econômico. Sem ter consciência disso e, muitas vezes, sem querer, fizeram de seus filhos "parceiros substitutos". Esses filhos, esses "parceiros íntimos" das mães, tiveram uma vivência de forte ligação com elas e, por isso, experimentaram de modo extremo a ambiguidade do aspecto feminino – de doar e ameaçar a vida ao mesmo tempo. Por

---

* Norbert Bischof, *Das Rätsel Ödipus. Die biologischen Wurzeln des Konflikts von Intimität und Autonomie*, 3ª ed. Munique: Serie Piper 989, 1985, p. 281.

essa razão, como adultos, têm especial cautela para não serem monopolizados pelas mulheres.

Portanto, nessas experiências genéricas e naquelas específicas da história de vida estão as raízes do medo do homem em relação à proximidade feminina, que as mulheres reclamam nos exemplos descritos. Com frequência, no início da paixão, o aspecto de doação de vida pertencente ao feminino mostra-se em primeiro plano, de maneira que, nesse período, a fusão e a entrega podem ser vividas plenamente. Com o passar do tempo, porém, o outro aspecto, o de ameaça, avança para o primeiro plano, levando às mais diversas estratégias de defesa, cujo discurso é: desviar o olhar, fechar os olhos, sempre estar ocupado com outras coisas ou sentir necessidade de manter o controle imperativamente, de maneira que, no sexo, por exemplo, as coisas só podem correr conforme sua vontade. Assim, alcança-se o "propósito" e afasta-se a proximidade "perigosa". Mas então as mulheres se queixam, e os homens também ficam sem nada, pois, em contraposição, a proximidade intensiva com a mulher – ao se unir a ela – é seu mais profundo anseio.

A mulher má e a mulher boa

Por essa razão, ao longo da história, as pessoas parecem ter desenvolvido outras estratégias para conseguir "desativar" a proximidade feminina. Com isso, voltamos ao nosso conto e ao nosso poema: neles, a proximidade feminina é desativada com o feminino sendo repartido em duas figuras de mulher. Aquilo que foi vivido na mãe a partir da situação especial da história de vida do menino e depois personificado na mu-

lher agora é repartido. Uma das figuras femininas torna-se a esposa que se entrega, que não quer muito para si e que está sempre presente para o homem; portanto, sua proximidade já não é "perigosa" (contudo, tampouco é muito interessante). A outra, que quer "mais" porque também tem suas necessidades, torna-se a ondina, a sereia, a bruxa, que o atrai para a ruína. Assim, ocorre uma maciça valoração moral: uma, a "inofensiva", é a mulher boa; a outra, a ondina, é a má. A isso correspondem a recompensa e a punição que são prometidas ao homem: o "segundo jovem" no poema de Eichendorff vê uma vida arruinada, enquanto o primeiro, com seu menininho nos braços, observa com prazer seus bens e sua propriedade pela janela. Também no conto dos irmãos Grimm, a situação se dá de maneira semelhante quando o filho do moleiro finalmente consegue se afastar da ondina má e voltar para sua boa mulher. Contudo, o conto deixa bem claro, de maneira drástica, que lhe custará um esforço simplesmente infinito até que ele, por fim, consiga se livrar da influência da ondina má.

Essa divisão não faz, absolutamente, parte do passado. Mesmo hoje ela se mostra, por exemplo, no filme *Atração fatal*, com Glenn Close e Michael Douglas, que há alguns anos passou em nossos cinemas. Nele, a ondina é a colega de trabalho atraente, competente e bem-sucedida na profissão, que "invade" a vida de um homem casado com uma mulher amável e dedicada e tudo destrói, até no final ser cruelmente – mas de modo justo! – esfaqueada e afogada. Aparentemente, a moral elevada e penetrante desse filme não impediu que ele atraísse multidões aos cinemas durante meses.

Sem abrir o coração

Vê-se aqui, no entanto, que esse mecanismo de divisão efetuado em categorias morais não é tão eficaz quanto promete, apesar da ameaça de punições terríveis, uma vez que "a mulher atrai eternamente", ou seja, a atração não deixa de existir, e, quanto mais proibida for, mais excitante chega a ser. Além disso, as estratégias até agora levam à conclusão de que o homem "tem de se refrear". Com a esposa, a proximidade torna-se muito perigosa; com a ondina, é proibida. Existe alguma possibilidade de viver o lado atraente, o anseio por uma fusão desenfreada sem o medo primitivo do homem de ser engolido?

Existe, sim. Para tanto, também foram desenvolvidas estratégias em nossa tradição, e as encontramos até mesmo na Bíblia. No Antigo Testamento, no livro dos Juízes (Jz 16,4-31), narra-se a famosa história de Sansão, o forte líder dos israelitas, e Dalila, a bela mulher do campo inimigo dos filisteus. De fato, Dalila pertence ao povo que quer expulsar os israelitas do campo. Sansão apaixona-se por ela, mas, como ela pertence claramente à espécie das "mulheres más", ela usa desse amor para dele arrancar o segredo de sua força indômita, com a qual ele tiranizou os filisteus. Sua força reside nos cabelos longos e nunca cortados. Dalila arranca dele esse segredo, usando de artimanhas de sedução. Depois do amor, ele dorme e ela lhe corta os cabelos. Assim, ela faz com que ele perca sua força viril e "o arrasta para o abismo". Consequentemente, os filisteus conseguem facilmente capturá-lo. Somente no longo cativeiro, no qual ele ora e se penitencia, é que seus cabelos voltam a crescer e ele destrói, com sua força recuperada, os

filisteus e a si próprio, derrubando o templo em que todos se haviam reunido para celebrar a vitória de sua divindade.

Portanto, à primeira vista, trata-se novamente da mesma história da ondina do lago e de suas variações. O que é interessante, porém, é que na Bíblia não se age absolutamente apenas com tabus morais. Com essa história, vê-se claramente o que Sansão deveria ter feito e evitado para manter sua força. Ele não deveria, de modo algum, ter-se esquivado do relacionamento com Dalila. Nesse sentido, o texto bíblico é bastante generoso. Se ele a tivesse mantido como amante, não haveria o que objetar. Poderia ter desfrutado do que bem quisesse com ela. O erro de Sansão está em outro ponto. O texto hebraico o exprime com exatidão. Depois de ter sido enganada por ele repetidas vezes, Dalila insiste para que Sansão seja franco com ela: "Então sua alma angustiou-se até a morte, *e ele acabou por abrir-lhe todo o seu coração*" (Jz 16,16ss.).* Seu erro foi "abrir-lhe todo o seu coração", ou seja, todo o seu íntimo! Ele não devia ter feito isso. Desse modo, ele se entregou a ela, e isso lhe custou sua força.

A "moral da história" é a seguinte: você pode se divertir com ela, mas tem de resistir quando ela exigir que você se abra! Assim, também é possível manter o controle sobre a mulher perigosa, a ondina, sem ter de renunciar a ela. Desde então, essa estratégia é muito usada, por exemplo, quando o homem inicia um relacionamento externo, que mantém em segredo. Desse modo, a mulher permanece em um espaço à margem, "no escuro", e nenhuma das duas mulheres, nem a amante,

---

* Tradução literal feita pelo dr. Winfried Bader, estudioso do Antigo Testamento, em comunicação pessoal.

nem a esposa, tem o homem "inteiro", tem "seu coração", porque, em ambos os casos, ele não "pode" se envolver. Outra estratégia é que ele se utilize dos serviços amorosos de uma prostituta. Embora ele possa viver com ela todos os anseios sexuais, graças ao pagamento e ao ambiente escolhido, está igualmente protegido de "abrir seu coração a ela". Assim, ele pode tê-la e, não obstante, manter o controle.

Aceitar-se como homem

Contudo, também no que se refere a essa estratégia, é preciso dizer que ela não traz realmente uma solução. Por certo, muitos homens não percebem isso. Parecem totalmente satisfeitos quando têm em casa uma "boa esposa" e, de vez em quando, vivem seus anseios orgíacos com uma amante secreta ou em algum bordel. No entanto, outro anseio pode manifestar-se de repente – enquanto vivem desse modo ou, talvez, porque de repente conhecem uma mulher "diferente": é o anseio de "abrir todo o seu coração" *no* relacionamento, *no* contato, *na* entrega sexual, ou seja, o desejo de se envolver por inteiro. Esse anseio se mostra naquilo que Rubens representou em seu famoso quadro: o forte Sansão que deixa a cautela de lado, entrega-se por inteiro e deita confiante a cabeça no colo de Dalila, sem precisar ter cuidado, podendo relaxar e se entregar – apesar de todos os "perigos"! Quando o homem consegue isso, normalmente sente o seguinte: como no quadro, Dalila não está com a tesoura na mão para cortar-lhe os cabelos assim que ele adormecer. Ao contrário, ela aceita feliz sua entrega e corresponde a ela com todo o seu coração.

Mas como chegar a isso? Como o homem pode superar o medo de ter os cabelos cortados, a força roubada e de ser ar-

rastado para o abismo? Existe apenas um caminho, que é mais fácil de descrever do que de percorrer: o homem tem de aprender a separar na alma a experiência que tem com a própria mãe da experiência com essa mulher, uma vez que, enquanto esses dois níveis estiverem misturados, ele sempre confundirá a experiência que tem com sua mãe e aquela que tem com outras mulheres. Por conseguinte, as outras mulheres sempre se transformarão parcialmente em "mães" para ele, e ele precisará utilizar em relação a elas todas aquelas estratégias de defesa de que já falamos.

Mas como separar internamente a experiência que se tem com a mãe e com o aspecto materno daquela que se tem com uma mulher? Essa pergunta requer uma resposta em várias etapas. A primeira é: conscientizar-se das "questões em aberto" com a mãe que ainda existem na própria vida. Conforme descrito, as transferências da mãe atuam perturbando a relação amorosa com uma mulher, quando o homem ainda tem "assuntos não concluídos" com relação à mãe.* Ou, em outros termos: quando em sua alma ainda houver, em parte, o menino que dela depende, que luta com ela, que a anseia, ou seja, que dela ainda não se libertou. E por não ter se libertado, ainda tem de temer ser "engolido" por ela; por isso, ainda tem de se defender dela.

Se o homem conseguiu se dar conta disso, o próximo passo é deixar o âmbito materno. Isso significa que, agora, na idade adulta, ele ainda tem de recuperar uma parte do desenvolvimento do menino em homem. Como isso ocorre? Como se dei-

---

* Quanto à problemática do "filho muito ligado à mãe", cf. Hans Jellouschek, *Warum hast du mir das getan? Untreue als Chance*. Munique: Piper Verlag, 1995.

xa o âmbito materno para superar todas aquelas estratégias de controle que, na vida adulta, transformam-se em impedimento para amar uma mulher? Há contos de fadas e mitos em que esse percurso do desenvolvimento é representado em detalhes. No conto russo sobre a princesa rã* ou na lenda de Parsifal, por exemplo, o rapaz sempre acaba por se envolver com o aspecto paterno, ou seja, encontra uma figura paterna que o instrui, o apoia e com o qual discute. Isso significa que ele deixa o âmbito materno ao entrar naquele paterno. Esse é o caminho para se libertar do medo em relação à proximidade feminina e amadurecer até alcançar um amor igualitário.

No entanto, em contrapartida – e esta é a terceira etapa da resposta –, isso também significa que não se deixa o âmbito materno repelindo agressivamente a mãe nem encenando conflitos com ela; tampouco, conforme difundido em algumas orientações terapêuticas voltadas à vivência, "matando-a" simbolicamente em seu papel. É evidente que, no processo de libertação, a separação também pode ser conflituosa. Porém, quando se pensa que para obtê-la é necessário usar de agressividade ou desconsideração, incorre-se no risco de simplesmente se tornar inflexível e obstinado. Contudo, essa obstinação não deixa de ser uma dependência – com sintomas negativos. Por isso, obstinar-se em relação à mãe não contribui em nada para um relacionamento sem ambivalência com a mulher. A verdadeira separação ocorre quando o homem vai da mãe para o pai, quando ele encontra amparo e apoio no pai e, assim, se estabelece em seu próprio gênero.

---

* H. Jellouschek, *Die Froschprinzessin. Wie ein Mann zur Liebe findet*. Zurique: Kreuz Verlag, 1989, série Weisheit im Märchen.

Muitos homens ainda não deram esse passo que sai do âmbito materno para o paterno, mesmo já sendo adultos e tendo seus próprios filhos. É possível reconhecê-lo, por exemplo, pelo fato de ainda brigarem com os pais, de "quererem afirmar-se" para eles ou desprezá-los. Esse é o reverso do filho muito ligado à mãe, que internamente ainda está preso a ela e, por isso, não consegue amar as mulheres de modo claro e sem ambivalência. Por essa razão, a cura do filho muito ligado à mãe consiste essencialmente no fato de ele se reconciliar com o próprio pai – e esta é a quarta etapa da resposta. Reconciliar-se com o pai significa fazer as pazes com ele, aceitá-lo como pai e ver-se como seu filho.* Desse modo, o filho afirma as raízes da própria masculinidade, dizendo sim a si mesmo como homem e começando a sentir o próprio pai como força positiva que o fortalece e o acompanha ao longo da vida.

Essa reconciliação pode ser difícil, dependendo de como se viveu a relação na infância. No entanto, ela é possível, mesmo quando o pai não foi um modelo brilhante e o filho sofreu com ele. Pois esse é um processo psíquico, e mesmo quando já se é adulto pode-se fazer a sua parte para se chegar a essa reconciliação, por exemplo, por intermédio da terapia. Com efeito, é preciso tomar a decisão de ocupar-se com o tema "pai" de maneira intensiva e por um longo tempo. Pode ser penoso, mas vale a pena, uma vez que o caminho que leva ao pai é, ao mesmo tempo, aquele que leva ao amor maduro por uma mulher.

---

* A esse respeito, ver H. Jellouschek, "Hättest du doch geredet! Das Schweigen der Väter", in H. Köβler e A. Bettinger (orgs.), *Vatergefühle. Männer zwischen Rührung, Rückzug und Glück*. Stuttgart: Kreuz Verlag, 2000, pp. 79-96.

Por certo, essa reconciliação interna com o próprio pai é central. Além disso, pode ser útil – e eis a quinta etapa da resposta – conseguir ter experiências positivas com o aspecto masculino e paterno, por exemplo, cultivando um contato afetivo com outros homens. Isso também reforça o sentimento positivo da própria masculinidade e ajuda no estabelecimento das próprias raízes masculinas. Além do mais, essa é uma boa oportunidade para obter experiências paternas positivas e bastante concretas, buscando em outros homens uma porção de "pai positivo", solicitando seu conselho, sua orientação e seu apoio, e desfrutando, assim, da "condição de filho".

Desse modo, mesmo na idade adulta, os homens ainda podem deixar o âmbito materno e transformar-se mais "em homens". E um homem que aceitou com afeto sua própria masculinidade já não precisa de estratégias de controle carregadas de medo, a fim de não ser engolido ou arrastado para o abismo por bruxas, ondinas e sereias. Para ele, o lado bruxa, ondina e sereia da mulher passa a enriquecer o relacionamento, e a mulher se torna uma parceira em pé de igualdade, a quem ele pode se entregar no amor. Dessa forma, ele pode desfrutar plenamente do amor da mulher (e de sua arte de sedução) sem se perder como homem.

5

Orfeu e Eurídice

Por que ele
não consegue
reconquistá-la

De que trata este capítulo

Ele a admira. Ela é a musa que o inspira a uma criatividade jamais conhecida. Certo dia, porém, ele descobre que a perdeu. O amor dela desapareceu tal como Eurídice no reino dos mortos. Ele faz de tudo para reconquistá-la. Mas alguma coisa sai errado, alguma coisa lhe passa despercebida, pois, no momento decisivo, ela volta a escapar-lhe – e agora para sempre. Ele é um homem talentoso, talvez até famoso. No entanto, no amor, de alguma maneira é inábil, visto que algo semelhante já lhe ocorreu várias vezes. Por que será? Talvez com Orfeu a resposta fique mais clara.

Na Antiguidade, os cultos órficos eram uma orientação religiosa que tinha sua origem no poeta Orfeu. Atualmente, Orfeu é menos o fundador de um culto em nossa memória do que parte de um casal especialmente trágico: Orfeu, o poeta mítico, que encantava pessoas, animais e plantas com seu canto, e Eurídice, sua esposa, que lhe foi arrancada pela morte e que ele – graças a seu canto – tentou trazer de volta à vida, perdendo-a no último instante. Com a leitura de antigas lendas heroicas ou com as óperas de Ch. W. Gluck e C. Monteverdi, hoje ainda encenadas, os leitores podem conhecer o desenrolar do trágico acontecimento. Não obstante, segue um breve resumo:

A história de Orfeu e Eurídice

Orfeu, filho de um rei da Trácia e da musa Calíope, é o poeta e músico mais conhecido das lendas gregas. Seu canto domava animais selvagens e encantava até mesmo as árvores e as rochas. Ao fugir de um homem que queria violentá-la, sua esposa,

Eurídice, foi mordida por uma cobra e morreu. Sem suportar a perda, o audacioso Orfeu desceu ao reino dos mortos para buscá-la. Todos que encontrava pelo caminho ficavam tocados com a música de sua lira e com seu canto. Ele conseguiu sensibilizar até mesmo o furioso Hades e fazer com que ele deixasse Eurídice voltar ao mundo dos vivos. Hades lhe impôs uma única condição: Orfeu não podia olhar para trás até ambos estarem seguros à luz do sol. Eurídice seguiu Orfeu pelo caminho escuro, conduzida pelos sons de sua lira. Ao alcançar a luz do sol, Orfeu se virou para ela – e a perdeu para sempre.[*]

Alguma coisa não está certa

O sofrimento de nosso herói mítico pode ser compreendido por todos e desperta espontaneamente nossa compaixão por ele. Contudo, sempre que encontrei essa história na literatura ou na música, embora eu tenha sentido sua tragicidade, também tive a impressão de que se trata não apenas de um acaso cruel ou de um jogo cínico que os deuses praticam com os mortais para dar-lhes esse fim. Orfeu e Eurídice se amam profundamente. No entanto, parece-me que alguma coisa em seu relacionamento não confere. A pergunta que sempre me surgia era a seguinte: Por que diabos esse Orfeu "tinha" de se virar na saída do Hades, quando estava tão perto do final feliz, e estragar tudo?

---

[*] A esse respeito, cf. Robert von Ranke-Graves, *Griechische Mythologie. Quellen und Deutung*. Reinbek: Rowohlt Verlag, 1984, pp. 98-101, Rowohlts Enzyklopädie 404.

Uma amiga me fez notar um poema de R. M. Rilke, no qual ele reconta essa história a seu modo. Quanto mais me dedico à análise desse poema, tanto mais acredito que Rilke exprime com precisão, por meio de sua linguagem insuperável, embora nem sempre de fácil compreensão, o problema desse relacionamento. Desse modo, ao que parece, quando Orfeu desobedece à condição e olha para trás, pondo com isso tudo a perder, já não se trata absolutamente de ser dominado pelo amor puro. Visto dessa óptica, para mim o casal se torna o modelo de uma constelação de conflitos, que ainda hoje pode ser encontrada com frequência e com a qual podemos aprender muitas coisas. Nem todas as passagens do poema são facilmente compreensíveis. Não obstante, eu gostaria de pedir que os leitores fizessem um esforço para lê-lo integralmente. Quem sentir dificuldade, poderá saltá-lo e voltar a ele no fim do capítulo.

Orfeu. Eurídice. Hermes

Eram as minas ásperas das almas.
Como veios de prata caminhavam
silentes pela treva. Das raízes
brotava o sangue que parece aos vivos,
na treva, duro como pórfiro. Depois
nada mais foi vermelho.

Somente rochas,
bosques imateriais. Pontes sobre o vazio
e o lago imenso, cinza, cego,
que sobre o fundo jaz, distante, como

um céu de chuva sobre uma paisagem.
Por entre os prados, suave, em plena calma,
deitado, como longa veia branca,
via-se o risco pálido da estrada.

Desta única via vinham eles.
À frente o homem com o manto azul,
esguio, olhar em alvo, mudo, inquieto.
Sem mastigar, seu passo devorava a estrada
em grandes tragos; suas mãos pendiam
rígidas, graves, das dobras das vestes
e não sabiam mais da leve lira
que brotava do lado esquerdo como um feixe
de rosas dentre ramos de oliveira.

Seus sentidos estavam em discórdia:
o olhar corria adiante como um cão,
voltava, presto, e logo andava longe,
parando, alerta, na primeira curva,
mas o ouvido estacava como um faro.
Às vezes parecia-lhe sentir
a lenta caminhada dos dois outros
que o acompanhavam pela mesma senda.
Mas só restava o eco dos seus passos
a subir e do vento no seu manto.
A si mesmo dizia que eles vinham.
Gritava, ouvindo a voz esmorecer.
Eles vinham, os dois, vinham atrás,
em tardo caminhar. Se ele pudesse
voltar-se uma só vez (se contemplá-los

não fosse o fim de todo o empreendimento
nunca antes intentado) então veria
as duas sombras a seguir, silentes:

o deus das longas rotas e mensagens,
o capacete sobre os olhos claros,
o fino caduceu diante do corpo,
um palpitar de asas junto aos pés,
e, confiada à mão esquerda: ela.

A mais amada, essa por quem a lira
chorou mais que o chorar das carpideiras,
por quem se ergueu um mundo de chorar,
um mundo com florestas e com vales,
estradas, povos, campos, rios, feras;
um mundo-pranto tendo como o outro
um sol e um céu calado com seus astros,
um céu-pranto com estrelas desconformes –
a mais amada.

Ia guiada pela mão do deus,
o andar tolhido pelas longas vestes,
incerto, tímido, sem pressa.
Ia dentro de si, como esperança,
e não pensava no homem que ia à frente,
nem no caminho que subia aos vivos.
Ia dentro de si. E o dom da morte
dava-lhe plenitude.
Como um fruto em doçura e escuridão,
estava plena em sua grande morte,
tão nova que não tinha entendimento.

Entrara em uma nova adolescência
inviolada. Seu sexo se fechava
como flor em botão no entardecer
e suas mãos estavam tão distantes
de enlaçar o outro ser que mesmo o toque
levíssimo do guia, o deus ligeiro,
a magoava por nímia intimidade.

Não era mais a jovem resplendente
que ecoava nos cantos do poeta,
nem o aroma do leito do casal
nem ilha e propriedade de um só homem.

Estava solta como os seus cabelos,
liberta como a chuva quando cai,
exposta como farta provisão.

Agora era raiz.

E quando enfim o deus
a deteve e, com voz cheia de dor,
disse as palavras: "Ele se voltou" –
ela não compreendeu e disse: "Quem?"

Mas pouco além, sombrio, frente à clara
saída, se postava alguém, o rosto
já não reconhecível. Esse viu
em meio ao risco branco do caminho
o deus das rotas, com olhar tristonho,
volver-se, mudo, e acompanhar o vulto

que retornava pela mesma via,
o andar tolhido pelas longas vestes,
*incerto, tímido, sem pressa.**

Duas pessoas que se tornaram estranhas uma para a outra

Em primeiro lugar, chama a atenção o fato de que, na versão poética que Rilke fez da história, além de Orfeu e Eurídice, o deus Hermes também desempenha um papel, que é o de conduzir Eurídice pela mão ao longo do caminho que leva para fora do reino dos mortos. Possivelmente, Rilke quer marcar com clareza uma importante diferença entre esse deus e Orfeu, pois seu Hermes comporta-se de maneira bastante reservada e cautelosa com Eurídice ("toque levíssimo do guia"), e essa delicadeza cuidadosa está em forte oposição à impaciência e à agitação interna de Orfeu. É como se dois mundos, que nada mais têm em comum, fossem se encontrar e, por isso, a união de um com o outro não pode dar certo.

De Orfeu, o poema diz que ele está "inquieto" e tem o "olhar em alvo"; que seu passo "devorava a estrada em grandes tragos"; que suas mãos "não sabiam mais" da lira, seu instrumento musical; que seus sentidos estavam "em discórdia". Nesse "ruído interno", ele já não consegue distinguir se o que ouve atrás de si são os passos de Eurídice e de Hermes ou se é apenas o eco de seus próprios passos. Em contrapartida, Eurídice, inteiramente "dentro de si", tem o andar "incerto, tími-

---

* Augusto de Campos, *Rilke: poesia-coisa*. Introd., sel. e trad. Augusto de Campos. Rio de Janeiro: Imago, 1994, pp. 41-47. (N. da T.)

do e sem pressa". Envolto por um grande silêncio, seu andar ainda é "tolhido pelas longas vestes". Ela entra "em uma nova adolescência inviolada", como se nunca tivesse sido casada com Orfeu. Está tão recolhida dentro de si que até o toque infinitamente cuidadoso de Hermes já lhe parece quase íntimo demais.

Tal como Rilke a apresenta, tem-se a impressão de que Eurídice – após seu casamento com Orfeu – passa a viver em um novo modo de existência: em uma "nova adolescência". Por conseguinte, poderíamos entender sua morte também de maneira simbólica: como passagem de uma fase da vida antiga para essa nova. "E o dom da morte dava-lhe plenitude. Como um fruto em doçura e escuridão, estava plena em sua grande morte, tão nova que não tinha entendimento." Sem compreender direito, ela entrou em uma nova fase de desenvolvimento. Nessa nova fase, surge um forte estranhamento em relação a Orfeu: ela já não é a "jovem resplendente", anteriormente cantada pelo poeta, e, acima de tudo, já não é "ilha e propriedade de um só homem"! Será então que antes ela se via como sua propriedade e assim permitiu que fosse vista? E será que o termo "morta", em referência a Eurídice, significa que, para ela, aquele tempo em que ele a cantava como seu ideal de mulher e a possuía como "sua propriedade" finalmente acabara? Alguma coisa acontecera na vida dela para que tenha se desvencilhado de Orfeu e até mesmo adquirido uma distância enorme em relação a ele, que, insistente e impacientemente, a quer de volta.

Um modelo narcisista de relacionamento

Aqui me ocorrem muitos casais que tiveram um desenvolvimento muito parecido com esse modelo. O rapaz fez de tudo para conquistar a mulher, transformando-se em um verdadeiro Orfeu para ela, a qual lhe inspirou uma incrível capacidade de expressão e o deixou radiante. Além disso, ela própria aproveitou e desfrutou desse esplendor de ser tão adorada. Por isso, disse "sim". Contudo, ao mesmo tempo, não percebeu que o homem-Orfeu não estava pensando exatamente nela. Por uma profunda necessidade própria, ele precisava dela para si mesmo. Por isso ornou-se com ela, "incorporou" sua beleza e seu modo amável de ser para se valorizar, transformou-a "em sua propriedade". Ela tinha de estar integralmente disponível para ele: tinha de corresponder a seu ideal ("a jovem resplendente"), ser seu refúgio ("o aroma do leito do casal"). Ela não se esforçou muito para ser assim e corresponder a esse ideal, e, se não deu certo – pensou –, foi porque não se dedicou o suficiente.

Do ponto de vista psicológico, trata-se aqui de um modelo "narcisista" de relacionamento, a saber, aquele em que o homem ocupa uma posição narcisista, e a mulher, uma posição que o complementa. Isso significa que o homem tem problemas para ver e respeitar a mulher realmente como um oposto. Ele a vê, antes, como parte de seu próprio eu. Vê nela seu "eu ideal", com o qual quer se unir e se tornar um único ser. Quando crianças, esses homens foram emocionalmente explorados pelos pais, ou – no jargão especializado – "ocupados de maneira narcisista". Deviam representar o *self* ideal da mãe

e/ou do pai, no qual estes viam seus desejos e suas esperanças personificados. Não se sentiram valorizados nem amados naquilo que eles próprios eram. Externamente, muitas vezes de fato se desenvolveram até se transformarem nessas pessoas "ideais" que os pais queriam ver neles, tornando-se especialistas brilhantes, artistas e heróis, verdadeiros "Orfeus" de sua espécie. No entanto, internamente, sentem-se pobres e carentes, pois nunca puderam ser eles próprios de verdade, mas sempre tiveram de desempenhar um papel para os pais. Por isso, "ocupam", por sua vez, sua parceira de maneira "narcisista". Ou seja, recuperam o "brilho" que internamente lhes falta, por exemplo, na beleza da "jovem resplendente", com a qual, por meio da fusão, querem tornar seu eu belo e digno de ser amado. Isso significa que eles relacionam a parceira a si mesmos, mas não se relacionam com ela. Não são capazes de se entregar com amor ao outro, mas buscam no amor sempre a salvação de seu eu por meio do outro.

De modo geral, as parceiras escolhidas por eles são mulheres que aprenderam em sua família de origem a sempre se adaptar bem, a ser filhas carinhosas e brilhantes para seus pais e a dar pouca atenção a si mesmas e à sua necessidade de independência. Repetem, então, o mesmo padrão com seu parceiro. No período da paixão, tudo corre bem, porque se sentem muito importantes para o outro. Porém, com o passar do tempo, percebem que o foco da atenção nunca está nelas, mas sempre "nele", em todas as circunstâncias. Sentem-se cada vez mais exploradas, expropriadas, e percebem então que têm de se distanciar para não se perderem por completo. Essa "percepção" altera a situação. De repente, têm um estalo e tudo lhes aparece sob outra luz: é a "morte" de Eurídice, a entra-

106

da em seu "reino dos mortos". A mulher já não quer ser apenas "bela" para ele; ela "morre" como a parceira idealizada, que se dedica totalmente a "ele", e busca outra forma de viver, mesmo que ainda se sinta "insegura" e que ainda não tenha "entendido" direito o que aconteceu.

A crise

No mito, isso se dá por meio de um evento radical. Não no poema, mas na tradição mítica, relata-se que alguém teria tentado violentar Eurídice. Na fuga, ela pisa em uma cobra e morre por causa de seu veneno. Traduzido na vida real: Teria ela reconhecido subitamente a opressão que estava sofrendo nesse relacionamento? Teria a mordida da cobra sido fatal a ponto de ela reconhecer que já não pode continuar vivendo dessa forma?

Em todo caso, em situações de relacionamento como as descritas, é comum que a mulher – independentemente dos acontecimentos externos ou das evoluções internas por que passe – reconheça que o modo como ela vivia até então não é mais possível. A parceira que ela fora até aquele momento está morta, por assim dizer. Então ela se retira do relacionamento e vai para o "reino dos mortos". De repente, já não consegue dormir com ele, fecha-se "como flor em botão no entardecer", torna-se "inviolada", como "em uma nova adolescência", e volta-se inteiramente para dentro de si. Uma fase de individuação, de desenvolvimento da autonomia se estabelece, precipitando o relacionamento do casal em uma profunda crise e subvertendo-o por completo. Concretamente, isso significa que, nesse momento do desenvolvimento, ela realiza uma se-

paração de fato e até externa ou, em todo caso, uma "separação psicológica", rescindindo o contrato original de parceria, o "contrato de propriedade".

E Orfeu? Fica profundamente desesperado e não consegue compreender. Como ela se tornou uma parte dele, acha que não conseguirá viver sem ela. Para reconquistá-la, exige de si coisas quase desumanas. Chega a ir atrás dela no reino dos mortos; ela, a "mais amada", por quem ele, no poema de Rilke, chora "mais que o chorar das carpideiras". Em seu pranto, ele faz com que novamente se erga o mundo em que viveram juntos – "estradas, povos, campos, rios, feras". No que se refere à situação do casal descrita, ocorrem-me de imediato os homens que não conseguem entender que a mulher rescindiu o "contrato de propriedade" (porque, de sua parte, não o percebiam absolutamente como tal). Como Orfeu, tentam de tudo, fazem de tudo, querem tornar possível o impossível. Estão prontos até mesmo a entrar no "reino dos mortos" da terapia de casal, que antes evitavam como a peste. Nesse momento, tal como Orfeu, entoam o comovente canto de lamento e prometem fazer tudo diferente assim que voltarem para "cima", assim que ela estiver pronta para tentar viver de novo com ele. Ao distanciamento da mulher, os homens reagem quase com pânico e, de repente, se "dispõem a tudo".

Tentativa de superação

Como o Orfeu do mito se dedica com tanta intensidade a ir buscar Eurídice, Hades, senhor do reino dos mortos, permite que ele a leve consigo. Na visão de Rilke, porém, o problema decisivo reside nesse ponto, razão pela qual, no fim, essa

busca não dá certo: Eurídice ainda não está muito longe, "ia dentro de si, como esperança", "e o dom da morte dava-lhe plenitude". Por acaso isso não significaria que ela ainda se encontra inteiramente em seu próprio processo, que ainda não se desenvolveu a ponto de poder envolver-se novamente com Orfeu e sua vida? Ela "não pensava no homem que ia à frente, nem no caminho que subia aos vivos", formula Rilke. Novamente em relação a nosso casal, não raro as mulheres acabam aceitando o convite para voltar com o parceiro, embora de algum modo sintam que ainda não estão prontas. No entanto, também querem voltar, também gostariam de acreditar no parceiro e também se sentem com a consciência pesada por causa de sua "viagem rumo à autonomia"; além disso, levam os filhos em conta e assim por diante. Há tantos argumentos "razoáveis" para que voltem, e o homem parece mesmo estar sendo sincero...

Entretanto, o problema parece ser o seguinte: apesar de todo o esforço sincero, de toda a disposição a sacrificar-se, existe uma coisa que Orfeu ainda não entendeu direito nesse novo modo de ser de Eurídice. Ele ficou abalado com o que aconteceu, quer reconquistá-la com a melhor das intenções, mas não percebe que está querendo reproduzir o antigo estilo de vida. Não sabendo exatamente o que aconteceu com ela, irrita-se com sua insegurança, sua sensibilidade, sua reserva. Ele "já não a ouve atrás de si" e por isso se volta. O ato de "voltar-se para ela" significa que ele "não consegue ser diferente", que "sente necessidade" de recuperar o controle sobre a situação. De fato se esforça por ela, mas não consegue perceber que, agora que ela se redescobriu, precisa urgentemente se sentir livre e segui-lo do jeito que lhe convém. Em vez dis-

so, ele "sente necessidade" de se voltar, de submetê-la novamente a seu controle.

No entanto, isso já não é possível. Ela se volta e desaparece para sempre. A dor é muito grande. Na ópera, esse é o momento em que Orfeu canta o comovente lamento: "Ah, eu a perdi, toda a minha felicidade se foi..." Mais emocionante ainda é a representação concisa de Rilke: "Mas pouco além, sombrio, frente à clara saída, se postava alguém, o rosto já não reconhecível. Esse viu [...]". Uma grande dor "sem rosto", "sem nome", portanto, inefável, o imobiliza. Muitas vezes, a dor que o homem-Orfeu sente é mesmo grande, e não é menor a dor também sentida pela mulher-Eurídice. Ela percebe que o desenvolvimento pelo qual passou já não pode ser repelido; o novo, que começa a desabrochar, ainda está fechado "como flor em botão no entardecer", mas quer abrir a todo custo e viver; ela já não pode renunciar a isso. E sente que o homem-Orfeu não consegue aceitar essa nova situação; percebe que ele permanece alheio a ela e que nada compreende. Isso é muito doloroso, mas ela não pode mudá-lo. Seu caminho a conduz para outra direção – sem ele.

Um fato chama a atenção: Eurídice permanece calada o tempo todo. Temos de nos perguntar: Por que ela não esclarece espontaneamente a Orfeu o que está acontecendo? Por que não lhe diz que ele tem de ser cauteloso, que para ela alguma coisa claramente terminou e que outra coisa, irrenunciável, se tornou viva? Por que ela não o convida, não o exorta a prestar atenção nisso, a se abrir para isso ou, pelo menos, a levá-lo em conta? Vejo isso acontecer frequentemente com mulheres que se encontram nesse tipo de situação: elas aprenderam a se adaptar, a ser a "jovem resplendente para ele". Contudo,

embora sintam que é inevitável que se tornem independentes, que tenham seu próprio desenvolvimento e que se tornem autônomas, não têm força para demonstrar tudo isso ao parceiro de modo consciente, formulando, argumentando em seu favor, reclamando e impondo limites. Assim, permanecem caladas e, quando já não suportam, se separam... Por certo, o que realmente as impressiona é que nem sempre é fácil opor alguma coisa aos homens-Orfeus, que são eloquentes e cheios de ideias. Com frequência, as "artes" dessas mulheres fizeram com que esses homens construíssem um muro ao redor de si; como em Orfeu, um impenetrável muro das "lamentações". Às vezes, calar-se é a única possibilidade de que dispõem para escapar do Orfeu que está sempre se voltando. Porém talvez os relacionamentos muitas vezes pudessem ser salvos se as mulheres se valorizassem antes de maneira clara e decisiva.

Não quero duvidar da capacidade de mudança desses homens, mas vejo com frequência que somente por meio dessa amarga separação é que homens-Orfeus aprendem de fato a não se voltarem mais, ou seja, a desistirem de tentar manter a parceira sob controle e transformá-la novamente em "sua propriedade". Com frequência, eles precisam dessa dor da separação. Somente essa dor faz com que aceitem a própria fraqueza e deixem o controle de lado. Somente quando isso se torna possível é que se abrem as portas para o amor.

Portanto, a dor da separação pode curar. No caso do Orfeu mítico, contudo, até onde sabemos, ela não funcionou. Conforme sugerem as narrativas míticas, após perder Eurídice pela segunda vez, ele se teria finalmente resignado, se imobilizado nessa resignação e perecido, uma vez que Orfeu não inicia nenhum novo relacionamento com outra mulher, passando a se

dedicar a um culto ascético e hostil ao corpo e a difundi-lo. Os defensores do culto orgíaco a Dioniso sentem o culto de Orfeu como concorrência e ameaça, e, assim, Orfeu é despedaçado pelas Mênades, as selvagens acompanhantes de Dioniso. É como se o mito de Orfeu quisesse chamar a atenção para um grande perigo: pode-se ser um grande artista, um cantor que arrebata corações, um grande perito e herói e, mesmo assim, fracassar no amor.

6

Otelo e Desdêmona

Quando o ciúme
destrói o amor –
e quando o protege
e o reanima

De que trata este capítulo

Antigamente, o ciúme fazia parte do amor – pelo menos daquele dos homens –, assim como o pão fazia parte da refeição. Nos países meridionais ainda hoje é assim. Na Alemanha, desde 1968 o ciúme ganhou má fama como reivindicação totalmente inadequada de posse, que deve ser banida do amor a todo custo. No ciúme que Otelo sente de Desdêmona, vê-se de que maneira esse sentimento se torna destrutivo e, ao contrário, quando ele pode ser uma reação sentimental natural e até útil ao amor.

O famoso drama de Shakespeare remonta a uma narrativa italiana mais antiga, sobre cuja origem nada sabemos ao certo.* Não se trata de um conto de fadas nem de um mito. Porém, como mostram as muitas versões musicais e cinematográficas do tema, ainda mais numerosas, esse casal sempre ocupou os artistas, encontrando grande ressonância entre o público. A razão não deixa dúvidas: em Otelo e Desdêmona somos confrontados, de forma arquetípica, com um sentimento com o qual todo casal – pelo menos em alguma fase da vida – tem de lidar, que é o ciúme.

Resumo do drama de Shakespeare

Otelo é um respeitado general mouro a serviço de Veneza. Há pouco tempo, promoveu o jovem Cássio a tenente, desconsi-

---

* Dieter Mehl, *Essay zu W. Shakespeare, Othello*. Ed. bilíngue. Trad. F. Günther. Munique: Deutscher Taschenbuch Verlag, 1995, p. 297.

derando seu alferes Iago. Este decide vingar-se de seu senhor, revelando ao senador Brabâncio, pai de Desdêmona, que Otelo dormiu com sua filha. Brabâncio fica fora de si e acusa o general diante do Senado. Desdêmona, porém, defende seu amor e se volta contra o pai, que fica furioso com ela. O doge intervém e confirma a ligação dos amantes. Em seguida, envia Otelo e Desdêmona para Chipre. O general deve defender a ilha contra os turcos. Em Chipre, Iago continua a tramar suas pérfidas intrigas. Induz Cássio a embriagar-se e o incita contra um colega. O rumor do duelo atrai Otelo, que, decepcionado, destitui Cássio de seu posto. Iago aconselha o jovem tenente a pedir a Desdêmona que intervenha em seu favor e, ao mesmo tempo, faz com que Otelo consiga ouvir a conversa de ambos como que por acaso. Desdêmona se convence da boa vontade de Cássio e lhe promete intervir em seu favor. Otelo interpreta a conversa como afeição. O ciúme começa a atormentá-lo, e, para continuar a atiçá-lo, Iago faz com que Otelo passe a acreditar que Desdêmona teria dado de presente a Cássio o lenço que, anteriormente, Otelo lhe dera como prova de amor. Desse modo, o ciúme de Otelo inflama-se em ódio. Enquanto Desdêmona não tem como se defender de suas amargas reprimendas ("Pois bem, se me maltratam desse modo, que seja. Mas o que fiz? Que ínfimo deslize meu terá despertado seu desagrado?"), Iago faz com que Otelo se enfureça de maneira cada vez mais desenfreada: "Que morra, lasciva meretriz! Que morra, que morra! Venha, vamos embora. Quero encontrar um meio para acabar rapidamente com a bela diaba". Emília, criada de Desdêmona e esposa de Iago, que Otelo considera uma alcoviteira, afirma-lhe que sua senhora é inocente. Entretanto, Otelo não a ouve e toma uma decisão extrema: Desdêmona tem de morrer! Em

sua cama, ele a asfixia. Diante do terrível crime, Emília não se contém, revela toda a verdade e obriga Iago a confessar suas intrigas. Mas é tarde demais. Desesperado por ter condenado Desdêmona injustamente, Otelo apunhala-se e a acompanha na morte.*

Sem dúvida, o que Shakespeare nos apresenta com Otelo é um delírio doentio de ciúme. Ao ler, ver ou ouvir (caso se trate de uma das óperas de mesmo nome, escritas por Verdi ou Rossini) a peça, achamos horrível e angustiante o modo como o general mouro embarca nesse delírio, que o toma cada vez mais e transforma um amante afetuoso em um selvagem enfurecido. No entanto, sempre sinto que parte de minha simpatia permanece ao lado de Otelo, pelo menos de forma que, apesar de sua crueldade, sinto imensa compaixão por ele. Para mim, seu amor por Desdêmona parece existir até o fim e, de algum modo, ser autêntico, e o vejo tanto como vítima quanto como criminoso.

Amor ou ciúme?

O que podemos aprender com Otelo e Desdêmona sobre ciúme e amor? Ainda que nem sempre acabe em homicídio culposo ou doloso, o ciúme tem alto poder de destruição. Por isso, é mais do que compreensível que sempre se tente banir esse sentimento da relação amorosa. Afinal, se sou ciumento, não veria eu minha parceira como minha propriedade? Não seria Otelo o típico representante de uma ordem patriarcal,

---

* Cf. William Shakespeare, *Otelo*. Porto Alegre: L&PM, 1999. (N. do E.)

que reclama o controle total sobre sua mulher, seus sentimentos e suas emoções e que perde a cabeça quando tem a impressão de que ela escapa a esse controle? Não se vê nele, de maneira extremada, porém com muita precisão do ponto de vista psicológico, aonde leva esse seu comportamento? Quase todos os dias lemos nos jornais crimes semelhantes ao de Otelo, de homicídio doloso ou culposo, e dificilmente conseguimos compreender atos de violência física e verbal que ocorrem por causa do ciúme. Ao que parece, amor verdadeiro e ciúme não combinam. Portanto, se você é ciumento, reflita, trabalhe seu comportamento e tente se livrar desse sentimento o mais rápido possível!

Mas será que funciona? É possível o amor entre um homem e uma mulher dar certo sem ciúme? Dá para não despertar ciúme quando os sentimentos se voltam para uma terceira pessoa? Isso significaria, pelo menos segundo a pretensão ideal, tolerar ou até aprovar generosamente um relacionamento amoroso com uma terceira pessoa, tal como se propõe Marschallin na ópera *O cavalheiro da rosa*, de Richard Strauss: "amar" seu jovem amado "da maneira certa, amando também seu amor por outra pessoa".* Mas será que isso é humanamente possível? Para a Marschallin da ópera é possível, pois, como mulher mais velha, nutre por "seu menino" um sentimento cada vez mais maternal, que começa a encobrir aquele erótico. Os pais podem, ou pelo menos deveriam poder, "amar" dessa forma "o amor" de seus filhos adolescentes que começam a se tornar independentes. Mas e quanto ao parceiro? Ou tam-

---

* H. von. Hofmannstahl, *Der Rosenkavalier*, comédia musical em três atos, citada aqui segundo Verena Kast, *Beziehungsfantasien oder Wie Götter sich in Menschen spiegeln*. Stuttgart: Kreuz Verlag, 1984, pp. 77 ss.

bém se torna quase-mãe ou quase-pai de seu parceiro ou parceira, ou então já está tão pouco interessado nele/nela que essa tolerância se torna possível. Isso significa que a tolerância ou a conveniência de um amor erótico com uma terceira pessoa não é compatível com o amor pelo parceiro.

Quando o relacionamento com um parceiro é próximo e íntimo, o ciúme se manifesta como uma reação totalmente natural, sobretudo quando essa intimidade e essa proximidade correrem algum risco ou forem violadas por uma terceira pessoa. Isso nada tem a ver com a pretensão de posse; ao contrário, é uma reação normal a uma violação possível ou real do espaço de intimidade que existe entre o casal e que se deseja que permaneça intacto. Portanto, no caso de um relacionamento externo do parceiro, não faz sentido querer reprimir exageradamente a reação de ciúme, como tentam muitas pessoas, porque isso seria pretensão de posse ou porque elas querem ser modernas, tolerantes e abertas. Agindo assim, só estão desvalorizando a si próprias e se torturando terrivelmente, em vez de utilizarem a força que o ciúme mobiliza para discutir com o parceiro que as fere.

Desse modo, o sentimento de ciúme é visto como um barômetro do amor. Ele mostra a ambos os parceiros quando o amor é ameaçado por alguma tempestade, de maneira que é preciso se prevenir – muitas vezes com antecedência, antes que algo decisivo aconteça – no caso de o mostrador apontar para o campo do tempo ruim, sujeito a chuvas e trovoadas. Assim, a reação de ciúme protege o espaço do amor. Se a princípio Otelo reage com extrema atenção ao saber de um encontro entre o tenente Cássio e sua esposa e passa a sentir os primeiros acessos de ciúme, essa ainda é uma reação totalmente "normal".

Ciúme como pretensão de posse

Porém, isso não é tudo. Em pouquíssimo tempo, o ciúme de Otelo ganha dinâmica própria, que se torna cada vez mais destrutiva, e isso bem antes do assassinato. O que nos permite reconhecer esse ciúme como doentio? O que o distingue de uma reação normal de ciúme? É preciso nomear duas coisas nesse caso: em primeiro lugar, as fantasias de quem sente ciúme e o modo como ele as imagina; e, em segundo, a tentativa de exercer poder e controle sobre o outro.

Comecemos pela tentativa de exercer poder e controle sobre o parceiro. Todos concordamos que Otelo foi longe demais com seu ato, mesmo que suas suposições estivessem corretas. Com efeito, nesse ato exprime-se a convicção de que é preciso ter o poder de controlar os sentimentos e as ações do outro. Em Otelo, esse poder chega a um extremo absurdo: ele mata Desdêmona porque acha que já não é capaz de ter controle sobre ela nem sobre os sentimentos que imagina que ela tenha. Portanto, se o ciúme surge atrelado a tal pretensão de posse, de querer dispor de poder e controle sobre os sentimentos e as ações do outro, de fato acaba se tornando destrutivo e o contrário do amor. Que eu chore e talvez grite com raiva quando meu parceiro viola nosso campo de intimidade com um terceiro é uma reação normal do amor, que mostra que levo a sério nosso relacionamento. Mas não possuo o outro, por isso não posso tê-lo "sob controle" nem querer exercer algum poder sobre ele. Às vezes, o amor pode e até deve ser ciumento, mas, quando ele tenta exercer poder sobre o outro, acaba por se autodestruir. Nesse sentido, o amor é sempre "impotente", não pode forçar o outro nem seus sentimentos. O ciúme doentio não aceita essa impotência e insiste em forçar o outro.

As fantasias do ciúme

Em segundo lugar estão as fantasias do ciúme. No drama de Shakespeare, é Iago quem dispõe os fatos – as conversas de Desdêmona com Cássio e o lenço que ele faz parar nas mãos deste – de tal forma que eles parecem gerar uma cadeia "lacunosa" de indícios para o rompimento do casamento. No drama de Otelo, Iago aparece simplesmente como uma criatura do mal, e ele é tão mau que não se pode imaginar que uma pessoa como essa exista na vida real. Contudo, do ponto de vista psicológico, a questão é muito plausível se não tomarmos Iago como pessoa, como o oficial de Otelo, mas virmos nele uma parte personificada da alma do próprio Otelo. Portanto, isso significa que no ciúme doentio há uma parte da alma que sempre governa com mais força e, "com o ciúme", "busca" provar a infidelidade, mesmo em circunstâncias absolutamente inocentes. Uma parte da própria alma transforma-se no Iago que busca indícios, arma situações, sempre apresenta as mais recentes "informações" ao "eu" do ciumento, tal como Iago faz com Otelo. Assim, todo olhar amigável do parceiro a outra pessoa é imaginado como traição, e o tempo que ele/ela passa sozinho/a é preenchido com as mais absurdas fantasias de orgias amorosas.

Com efeito, típico do ciúme doentio é também o fato de que esse "Iago" – exatamente como na peça – pinta com fantasias cada vez mais exuberantes aquilo que acontece. A partir dos primeiros indícios hesitantes, cria-se cada vez mais. A linguagem de Iago vai se tornando cada vez mais clara e grosseira, e o próprio Otelo começa a usar cada vez mais essa linguagem. O mesmo acontece com quem sofre de ciúme doentio:

a cadeia de indícios que a pessoa constrói aponta para acontecimentos cada vez mais sólidos, que ele pinta com as cores mais férteis para se torturar.

Além disso, essas fantasias assumem traços compulsivos. No drama de Shakespeare, isso também fica claro: Iago já não sai de perto de Otelo, está sempre "a postos no momento certo" e o leva impiedosamente ao encontro da catástrofe. O ciumento já não consegue se livrar das fantasias, que lhe tomam a mente e o coração e o transformam em um verdadeiro "possuído", de modo que – tal como na cena do protesto de Desdêmona – todos os contra-argumentos de nada servem para tirá-lo de sua convicção.

Portanto, quando se observa esse tipo de fenômeno, quando o ciumento começa compulsivamente a construir essas criações fantasiosas e delas deduz o direito de forçar ou punir o outro, então o ciúme deixa de ser um efeito colateral necessário e natural do amor autêntico e se torna um estado doentio que, por conseguinte, precisa ser tratado com terapia. Ou então, para dizê-lo de modo metafórico: quando um "Iago" começa a se aproximar de nossa alma e a se comportar desse modo, tal como o Iago de Otelo, algo precisa ser feito contra ele o mais rápido possível, para que não se tenha um final como o do drama.

De onde vem o ciúme?

Contudo, resta-nos uma questão importante, que nos faz avançar um pouco mais na compreensão do ciúme e nos permite entender a que está relacionado esse tipo de sentimento. Por certo, o ciúme de Otelo é destrutivo. No entanto, ele

também ama Desdêmona, e, até o último momento, esse amor ainda parece existir, embora ele cometa algo tão terrível contra ela. De que maneira isso é compatível com o que já foi dito? Que tipo de amor é esse?

Uma vez que, até então, Otelo nunca havia questionado a fidelidade de sua mulher, em determinado momento Shakespeare o faz dizer uma frase muito importante e esclarecedora a Desdêmona: "Que teimosinha mais encantadora! Azar o meu, mas te amo! E, se eu não te amar, *o caos voltará!*"* De que caos ele está falando? Só encontro uma explicação: do caos de sua própria alma. Portanto, Desdêmona e o amor dele por ela garantem paz, ordem e estabilidade à sua alma. Sem o vínculo amoroso com ela, o caos irrompe, ou melhor, retorna. Ele conhece esse caos em sua alma, já o viveu e teve a experiência de vê-lo banido de sua vida graças ao amor de Desdêmona. Esse é o ponto decisivo, pois assim Otelo caracteriza seu amor por ela como o amor de um bebê desamparado por sua mãe. Sem os cuidados amorosos da mãe, o bebê fica entregue ao caos de seus sentimentos e às reações do corpo. Sem o apoio dela, fica entregue à ruína. Com isso, fica claro que Desdêmona assume para ele a mesma posição que uma mãe tem para uma criança muito pequena – e que um adulto não pode assumir para outro. Ele está preso a ela por um amor que equivale àquele de um recém-nascido e que, segundo seu sentimento, garante sua sobrevivência.

Todavia, isso significa que, de fato, Otelo ama Desdêmona até o terrível fim. Esse amor também é profundo e sincero, e até mesmo existencial. Mas não é um amor adulto. É um

---

* W. Shakespeare, *Otelo*, ato 3, cena 3.

amor que, entre adultos, não é possível e que por isso deve necessariamente fracassar. Aqui encontramos a raiz mais profunda do ciúme doentio: o ciumento sente ciúme porque reclama um amor tão integral que o/a parceiro/a efetivamente não tem condições de lhe dar – pelo menos não por muito tempo –, pois ele só é possível entre mãe e recém-nascido. Desse modo, tudo que o/a parceiro/a lhe dá é sempre muito pouco, soa falso, dissimulado, e assim por diante; e o "amor verdadeiro", segundo a fantasia do ciumento, é recebido por outra pessoa...

Portanto, quando se trata de ciúme doentio, temos de perguntar: O que o ciumento viveu quando criança? Quando se tenta esclarecer essa questão, sempre se descobrem os seguintes fatores nas mais diversas variações: ele teve experiências ruins com seus primeiros relacionamentos; ele era uma criança largada, negligenciada e até traída, preterida em prol de outras. Todo o anseio insatisfeito por um relacionamento do passado é dirigido agora para o parceiro e, com muita facilidade, coloca o ciumento na mesma mágoa profunda de antigamente. Assim, a tragédia do ciúme torna-se visivelmente a "reencenação" de um drama de relacionamento do passado, um drama que o ciumento viveu em sua família de origem. Como fazia antigamente com a própria mãe, o ciumento insiste no amor incondicional do parceiro e, em qualquer ocasião banal, ele "reconhece" os indícios de que – como antes – está sendo enganado nesse amor. Por conseguinte, reage com dor, raiva e ódio – como no passado, mas com a diferença de que, antes, era impotente como criança, e agora não mais. Por isso, exerce agora seu "poder" em ações de coerção e punição, a fim de forçar aquilo que, aparentemente, de novo lhe é negado.

Do ponto de vista psicológico, poderíamos ver Iago de uma perspectiva totalmente positiva, pois ele põe a injustiça em discussão. Ele nada mais é do que o advogado da criança que existe dentro do adulto, que foi traída, magoada, talvez até "que se tornou má" e que quer provar a culpa daqueles que foram injustos com ela. Contudo, dirige a suspeita para as pessoas erradas, e seu problema não é superado com acusações ou instigações. Portanto, o "Iago interno" precisaria de alguém que reconhecesse sua dor, a refletisse, o acompanhasse até a origem dessa dor e, com compaixão, transformasse essa sua destrutividade em dor libertadora...

Em Shakespeare, nada ficamos sabendo dessas relações; na época, elas ainda não eram conhecidas. Porém, possivelmente, o poeta já havia intuído alguma coisa, pois na peça ele sempre apresenta a pele negra do "mouro" como uma mácula, como algo que – apesar de sua posição elevada e respeitada de general – é marcado como característica de alguém marginalizado, a ponto de fazer com que ele suponha que essa mácula representa a infidelidade de Desdêmona. Em Shakespeare, a pele de cor negra é algo que fere o amor-próprio de Otelo. Falta-lhe alguma coisa que poderia lhe dar uma confiança natural em si mesmo e nos outros. É como se nessa "mácula" estivesse simbolicamente expresso aquilo que, no ciumento doentio, sempre somos obrigados a constatar no nível psíquico: ele tem uma "mácula" e, desde o início de sua vida, falta-lhe algo "fundamental" que, mais tarde, ele "busca" no parceiro com "ardor", como um viciado, mas que não consegue encontrar; e, por precisar tanto do que lhe falta, tenta obtê-lo com violência.

Talvez essa seja a razão mais profunda pela qual também sentimos compaixão por Otelo, apesar de toda a barbaridade

que ele comete. Somos tocados por essa busca por amor, que poderia banir o caos, uma vez que, no nível da criança, há uma necessidade profundamente legítima de experimentar esse amor. Porém isso certamente significa exigir demais de Desdêmona, sua parceira, embora o amor dela ainda seja muito puro, evidente e esteja acima de qualquer suspeita para quem quer que observe a situação. Todos os parceiros de quem sofre de ciúme doentio poderiam dizer a si mesmos: por mais evidente que seja o meu amor por ele/ela e por mais que eu me esforce, o que ele/ela procura não está ali – está em outro nível. Nesse momento, é o terapeuta quem deve ser questionado, não o parceiro. O ciumento doentio merece compaixão, pois não consegue amar seu parceiro "de maneira saudável". Como para Desdêmona, é uma batalha em vão.

Projeções

Há mais uma coisa que se sobressai em Otelo, que encontramos em pessoas ciumentas e que nos permite compreender um pouco mais o ciúme doentio. Como já mencionado, em suas fantasias sobre o que Desdêmona faz, Otelo vai se tornando cada vez mais vulgar e devasso ao longo do drama. A imagem de Desdêmona que ele tem no início é quase a de uma santa. Em um crescente delírio, essa imagem se transforma na de uma prostituta. Assim, seu ódio e sua necessidade de puni-la lhe parecem cada vez mais renovados e legítimos. Tal como Otelo, todos os que sofrem de ciúme doentio se deleitam em "fantasias sujas", que, no entanto, se referem ao outro. Como isso acontece e que mecanismo psíquico se esconde por trás disso?

Podemos perguntar: Não há uma distorção nisso tudo? Não se poderia dizer que talvez as depravações sexuais que o ciumento atribui ao outro sejam seus próprios desejos? Desejos que ele não admite para si mesmo, mas que rumorejam em sua alma? O ciumento não é capaz de passar por um desenvolvimento saudável, permeado pelo amor. Como ele poderia ter clareza de seu próprio mundo pulsional? Também nesse seu mundo predomina o caos. Na representação de Shakespeare e segundo a visão de mundo e a concepção da época, como "mouro", Otelo é "um selvagem". Embora seja um respeitado general, "por trás" dele sempre há um "selvagem", e sua selvageria irrompe de modo desenfreado tão logo sua imagem de general é arranhada pela intriga de Iago. Portanto, psiquicamente, todo ciumento doentio é um "selvagem" que não conseguiu domar seu caos pulsional interno; ele o reprimiu e, como Otelo, apenas o escondeu por trás de uma aparência respeitável. E, como sempre ocorre com o que é reprimido, esse caos aflora na consciência e quer ser notado. No entanto, como ele é ameaçador, entra em ação um mecanismo que em psicologia é chamado de projeção: atribui-se ao parceiro aquilo que é ameaçadoramente sujo, proibido e indecente e se começa a combater isso nele, exigindo-lhe satisfações, criticando-o e punindo-o. Desse modo, embora o ciumento alivie sua alma, pelo menos de maneira provisória, as terríveis consequências de seu comportamento tornam-se dramaticamente claras no exemplo de Otelo: tem início um jogo de perseguidor-criminoso-vítima que só pode terminar em destruição.

Isso significa que, muito provavelmente, aquilo que o ciumento atribui a seu parceiro é um reflexo de sua própria sexualidade desordenada e desintegrada. O que ele imagina que o outro faça é, antes de tudo, seu próprio problema. O parcei-

ro não deve se deixar confundir por isso, mesmo quando não conseguir dizer que seu amor está acima de qualquer suspeita, como aquele que Desdêmona mostra por Otelo.

Nossa protagonista é representada por Shakespeare como uma mulher imaculada e, como tal, sempre reage ao ciúme de Otelo com brandura e reserva. No entanto, nesse ponto, e supostamente sem querer, ele apresentou um grande erro de Desdêmona: embora ela se defenda, o faz com muita fraqueza. À força da dinâmica de projeção de Otelo, ela nada opõe. E Otelo só consegue interpretar isso como uma nova prova de sua infidelidade. Por isso, o parceiro do ciumento paranoico faz bem em opor-se a ele de maneira mais vigorosa que Desdêmona; do contrário, só atrairá a suspeita para si mesmo. Separar-se de maneira enérgica e manifesta das insinuações do outro tanto como criticá-las com clareza e veemência são ações que ajudam mais o ciumento do que a reserva compreensiva e branda. Com efeito, a nítida separação faz com que ele se volte para si mesmo: e é nesse ponto, consigo mesmo, na própria alma, com seu próprio "Iago" interior, que o ponto de partida tem de ser estabelecido para que se encontre uma saída.

Ciúme sem razão?

No drama de Shakespeare, Desdêmona se queixa do ciúme de Otelo: "Ó, Deus, não! Não lhe dei motivo algum!" Ao que sua criada Emília responde: "Ciumentos não precisam de motivos para sê-lo. São ciumentos por ciúme. O ciúme é um monstro que gera a si mesmo e nasce de si mesmo".* O ciú-

---

* W. Shakespeare, *Otelo*, ato 3, cena 4.

me, um monstro que gera a si mesmo e nasce de si mesmo? Sim, é o que parece, quando referido àquele de quem se ocupa. Tendo em vista os sentimentos e os modos comportamentais de Desdêmona, de fato o ciúme de Otelo parece ter motivo apenas em si mesmo. Porém, quando também se consideram as histórias de quem sofre de ciúme doentio, como fizemos, essa declaração de Emília não se sustenta. O ciúme é totalmente gerado e criado em e por um evento do relacionamento, a saber, pelas experiências de relacionamento que magoaram a criança pequena em sua família de origem. Assim, na maioria das vezes, o ciúme doentio não é um delírio no sentido estrito, mas tem causas psíquicas, que podem e devem ser tratadas. Portanto, a declaração da camareira só é pertinente na medida em que Desdêmona não é a "culpada" pelo ciúme de Otelo.

Contudo, isso poderia nos induzir a novos equívocos, pois, além do ciúme doentio, existem ataques violentos de ciúme em que, a princípio, o parceiro parece ser tão inocente quanto Desdêmona – mas, mediante um olhar mais atento, percebemos que isso não se confirma. Isso significa que o relacionamento e o parceiro também podem muito bem – como causadores, desencadeadores ou intensificadores – desempenhar algum papel em casos de ciúme aparentemente "sem motivo", papel esse que, no início, permanece oculto. Portanto, também se recomenda que, no caso de um ciúme aparentemente "sem motivo", não se atribua a culpa de imediato – ou pelo menos não totalmente – ao ciumento e ao seu passado, diagnosticando-o logo como um "ciumento doentio", uma vez que o parceiro e o estado da relação atual podem muito bem ser os responsáveis pelo ciúme, ou porque este encontra uma

"ocasião", ou também porque pode ser desencadeada uma reação de ciúme que nada tem de "doentia", mas seja totalmente pertinente.

Portanto, depois de tentar, até então, aliviar a responsabilidade do parceiro da pessoa ciumenta, neste parágrafo pretendo esclarecer também "o outro lado": apesar do que já foi dito, o parceiro "não ciumento" tampouco deve eximir-se rápido demais da responsabilidade. Até mesmo o drama de Shakespeare, que apresenta Desdêmona e seu amor por Otelo acima de qualquer suspeita, fornece algumas indicações que merecem ser consideradas.

Quando Otelo se torna ciumento, isso significa que as fantasias de infidelidade nele implantadas por Iago tornam-se mais fortes que seu sentimento de segurança no relacionamento com Desdêmona. Independentemente de tudo o que o ciumento possa ter vivido na infância, o sentimento de segurança ou insegurança no relacionamento atual também desempenha um papel no surgimento das fantasias de ciúme. E, quanto a isso, também há indicações na peça de Shakespeare de que existe certa insegurança no relacionamento entre Otelo e Desdêmona, e que esse sentimento é responsável pelo lampejo do seu ciúme. Com frequência, encontramos essa mesma insegurança nos casais de hoje, que se torturam com o ciúme.

A primeira coisa a chamar a atenção é um fato a que já me referi: quanto às críticas de Otelo, Desdêmona sempre reage de forma relativamente fraca. Muitas vezes vejo uma reação semelhante nas mulheres: elas são colocadas na defensiva durante as crises de ciúme do parceiro, por exemplo, porque internamente também se repreendem por não o amarem "o suficiente". Em todo caso, reagem às críticas dele com silên-

cio e retraimento e atravessam todo o drama permanecendo pacatas como Desdêmona. Assim, permitem que ele "ponha lenha na própria fogueira". Não se mostram claras o suficiente para não deixar dúvidas a seu respeito. Com isso, o outro não as vê como um verdadeiro oposto. Elas recuam em vez de se colocar no caminho dele. E, quando ele não as percebe com clareza, também não percebe o relacionamento – e isso, por sua vez, pode constituir a passagem para fantasias e sensações de ciúme novas e mais intensas. A pergunta que o parceiro da pessoa ciumenta deveria se fazer é: O outro me percebe suficientemente como um oposto? Ou será que estou me retraindo, me calando, tendo muita consideração e me afirmando muito pouco?

Um segundo ponto a ser considerado é: ao final do primeiro ato de sua ópera de mesmo nome, Giuseppe Verdi faz Desdêmona e Otelo cantarem um dueto de amor, um dos mais belos e profundos de toda a literatura operística. Esse dueto mostra claramente uma importante diferença em relação à peça de Shakespeare: em Verdi, em nenhum momento ambos se mostram tão unidos. Ali, eles nunca têm tempo um para o outro. São constantemente interrompidos, e sempre acontece alguma coisa que os perturba quando estão juntos. Na maioria das vezes, isso acontece por causa das ordens que Otelo deve cumprir para seu superior, o doge de Veneza. Seu trabalho ganha cada vez mais importância, e o relacionamento vai ficando para trás. Algo semelhante também pode constituir a razão para que o relacionamento se torne frágil. Um já não percebe o outro, e em ambos arde o ciúme, pois o relacionamento para eles nunca se torna uma realidade que se sustenta. O trabalho (os encargos do "príncipe"!), a organização

da família ou qualquer outra coisa sempre é mais importante, e o casal se afasta. Isso provoca o surgimento do ciúme, dando-lhes no mínimo "a ocasião", sobretudo, é claro, quando existem experiências anteriores na história de origem que correspondam à atual. A pergunta aqui seria: Estamos dando importância, tempo e espaço suficientes ao nosso relacionamento cotidiano?

Com esse pano de fundo, também fica um pouco mais claro que Otelo avalia o encontro de sua mulher com o tenente Cássio como uma primeira "prova" concreta da infidelidade dela, mesmo que essa, obviamente, não seja razão suficiente. Se Otelo e Desdêmona se percebem tão pouco como casal, conforme apresenta Shakespeare, não é de admirar que suas fantasias sexuais se voltem para fora – para esse outro encontro, ainda que totalmente inofensivo. Acrescente-se a isso o que pode ser complementado aqui na vida cotidiana, embora não apareça na peça de Shakespeare: muitas vezes, encontros semelhantes do parceiro com outros homens e outras mulheres não são absolutamente inofensivos e "inocentes" como o de Cássio e Desdêmona. Ainda que não se vá para a cama, pode acontecer de surgir certa tensão erótica nesse tipo de encontro. O outro percebe a situação, sente ciúme e recebe como resposta: "Não existe nada entre nós! Você está louco! O que poderia haver?!" Mas o ciumento sente "que existe alguma coisa". Ele reage à "brincadeira com fogo". Porém, como tudo é negado, ele começa a fantasiar mais e mais e a buscar outras "provas". Nesse momento, seria melhor se o parceiro se abrisse, dizendo, por exemplo: "É verdade, ele/ela mexe muito comigo, e se continuarmos a ter tão pouco tempo para nós e a sermos tão pouco carinhosos um com o outro, é perfeitamente

possível que eu vá para a cama com ele/ela!" Uma declaração como essa traria transparência à situação e faria com que eles começassem a se ocupar do próprio relacionamento e da qualidade deste. Nesse caso, o ciúme teria feito sentido: como proteção da ameaça ao amor, conforme vimos anteriormente.

Por fim, na peça de Shakespeare ainda há uma importante observação a ser feita: o drama começa com uma cena que falta na ópera de Verdi e que, justamente por essa diferença, chama a atenção. Nessa cena estão em foco Brabâncio, pai de Desdêmona, e sua desaprovação furiosa do relacionamento entre sua filha e Otelo. De maneira surpreendentemente direta para a época, Desdêmona se afasta dessa crítica e, sem deixar dúvidas, coloca-se ao lado de Otelo. Esse ato impressiona e, no contexto da representação de Shakespeare, demonstraria a evidência do amor de Desdêmona por seu marido. Não obstante, resta uma sensação ruim, pois as objeções do pai só são silenciadas com a intervenção do príncipe. Não se chega a uma reconciliação com ele. No final, anuncia-se que o pai de Desdêmona teria morrido de desgosto por causa da união da filha. Portanto, entre ele e Desdêmona não teria havido um "bom desvencilhamento".

Obviamente, não pretendo aqui falar em favor da ideia surreal de que, sobre um relacionamento que os pais não aprovam, paira uma maldição que leva à ruína. Mas, do ponto de vista psicológico, essa ideia surreal tem um núcleo verdadeiro: a resistência e a aversão remanescentes dos pais à união de seu filho com outro parceiro são uma hipoteca para o relacionamento. Em geral, nessa intransigência dos pais também se mostra um problema do filho adulto: o fato de que a filha (em nosso caso) ou o filho não se desvencilhou deles. No modo

quase impertinente como Desdêmona deixa o pai "plantado", poderia ser expressa uma "contradependência", uma dependência com sinais negativos, que se enrijeceu em uma atitude de desafio. Há que se considerar, porém, que a dependência também significa uma espécie de vínculo "positivo" com os pais.

Se isso realmente se aplica no caso de Desdêmona, não sabemos. No entanto, uma coisa é certa: um parceiro que internamente ainda está preso aos pais como filho "obediente" ou "impertinente" não está livre para o parceiro. Externamente, não é necessário que haja uma ocasião para o outro sentir que, de fato, ele não está "disponível" para ele, que seu coração está em outro lugar; assim, isso pode ativar suas fantasias de ciúme, de todo inadequadas. Esse também poderia ser um bom motivo para o "ciúme sem fundamento". Aqui, a pergunta poderia ser: O que o ciúme do meu parceiro me sinaliza em relação à minha dependência dos meus pais e, por conseguinte, em relação à minha capacidade de estar livre para amá-lo como parceiro adulto?

Por fim, resta-nos fazer uma observação que vale para todas as reflexões deste trecho: o parceiro da pessoa ciumenta deveria fazer a si mesmo essas perguntas, mas, ao mesmo tempo, sem ir longe demais a ponto de enlouquecer. É importante manter uma visão sincera e clara das coisas: O que estou fazendo para o outro sentir ciúme e em que exatamente está o "seu problema", com o qual nada tenho a ver ou tenho a ver só muito pouco? Nem sempre é fácil encontrar a resposta a essa pergunta. Entretanto, como já vimos, há pontos de vista que podem ser levados em conta e que contribuem para um esclarecimento.

Ciúme saudável

O ciúme pode ser uma reação natural à ameaça ao amor. Pode ser doentio, ter sua origem na alma e na história da pessoa ciumenta. Mas também pode ter suas razões no relacionamento atual e, assim, suscitar perguntas importantes para o casal. Uma última coisa: o ciúme pode ser muito inspirador e saudável para uma relação. Essa última e possível função do ciúme não aflora no grande e trágico drama de Shakespeare; antes, é mais facilmente encontrada em divertidas comédias de bulevar, às vezes até um pouco frívolas, por exemplo, quando um dos parceiros quer causar ciúme no outro para tirá-lo de sua letargia. Sempre vejo esse tipo de situação: o homem começa um relacionamento externo e, de repente, sua mulher, que por algum tempo evitava qualquer intimidade, volta a animar-se sexualmente. De repente, ela volta a sentir desejo e, para sua grande surpresa, volta a experimentar ou até experimenta pela primeira vez uma intensa sexualidade com seu parceiro. Ou então, uma mulher entusiasma-se por um colega de trabalho e – obviamente de modo "bem inocente" – encontra-se com ele em um bar. E eis que seu parceiro, para quem, nos últimos tempos, a cerveja e a televisão haviam se tornado mais importantes do que qualquer outra coisa que pudesse acontecer à noite, desliga o aparelho de TV depois do jornal, lhe faz elogios e volta a querer trocar carícias com ela...

Nesse sentido, o ciúme pode ser útil para "reanimar homens – e mulheres – cansados". Certamente, esse "jogo" não é totalmente inofensivo. Às vezes, porém, pode ser muito saudável, dando um novo ânimo ao amor.

7

O pescador e sua mulher

Como ele
poderia contentar
Ilsebill sem se
perder

De que trata este capítulo

Ele se esforça muito, faz (quase) de tudo por ela, mas, de algum modo, nunca é suficiente. Ela nunca está realmente satisfeita. Tal como Ilsebill. Seria ela tão insaciável assim? Ou estaria querendo – talvez sem saber direito – alguma coisa totalmente diferente? Talvez até algo mais simples que castelos e palácios? A mulher insatisfeita de um homem com tanta boa vontade – um modelo frequente de relacionamento! Vale a pena aprender alguma coisa a respeito com o conto do pescador e sua esposa e sobre como ambos estão envolvidos na insatisfação dela.

Há algum tempo, li no jornal a respeito de uma pesquisa científica que procurava compreender o estado de espírito das mulheres que vivem em união estável para poder compará-lo com o estado de espírito de mulheres que vivem sozinhas. O resultado, digno de nota, revelou que mulheres em união estável têm uma porcentagem bem maior de depressão do que as colegas "sem vínculos"! Atualmente, "juntar os trapos" parece não garantir absolutamente a felicidade feminina. Ao contrário: grande parte das mulheres está insatisfeita com seu relacionamento. Os homens reagem a isso sem saber o que fazer. Muitas vezes, ouço: "Eu mesmo não tenho nenhum problema. Meu único problema é que minha mulher tem um problema..." Assim, eles tentam "contentá-la", mas não adianta muito, pois geralmente a insatisfação não diminui, de maneira que acabam jogando a toalha e dizendo: "Posso fazer o que for, mas nunca vou conseguir agradá-la!" É a mesma situação apresentada no conto do pescador e sua mulher. Nele, também há um homem que sempre quer contentar a esposa, mas de nada adianta; ela se torna cada vez mais insatisfeita: "Minha mulher, Ilsebill, não quer o mesmo que eu!" Nesse sentido, o modelo de relacionamento, que nos

é apresentado de forma extremamente marcante no conto, também parece muito interessante para os dias atuais.*

Resumo do conto "O pescador e sua mulher"

"Era uma vez um pescador e sua mulher, que moravam juntos em uma choupana junto ao mar." Um dia, o pescador fisgou um grande linguado. Ficou muito surpreso quando o peixe começou a falar com ele: disse que era um príncipe encantado e pediu ao pescador para libertá-lo. O pescador o lançou de volta ao mar. Em casa, contou à mulher, Ilsebill, a respeito do incrível encontro. "E você não lhe fez nenhum pedido?", perguntou ela imediatamente, insistindo para o pescador voltar e exigir do linguado que transformasse sua velha choupana em uma casinha. E, a partir de então, o casal realmente passou a morar em uma casinha arrumada e a ter uma vida mais fácil. Mas a mulher não ficou satisfeita por muito tempo e quis um castelo. Quando o pescador finalmente cedeu à sua insistência e chamou o linguado, a água escureceu-se de forma ameaçadora. No entanto, o linguado atendeu a seu pedido. Só que a mulher ainda não se deu por satisfeita. Quando já morava no castelo, ainda quis tornar-se rei. Acinzentado, borbulhando e com cheiro ruim, o mar recebeu o pescador, e Ilsebill ganhou o que exigia. O pescador ainda teve de recorrer ao linguado mais três vezes,

---

* Para mais detalhes, cf. Hans Jellouschek, *Vom Fischer und seiner Frau. Wie man besser mit den Wünschen seiner Frau umgeht*. Zurique: Kreuz Verlag, 1996, série Weisheit im Märchen.

embora, ao ver o mar espumante, fosse tomado cada vez mais pelo pavor. Ilsebill queria tornar-se imperador, depois papa e, por fim, queria ser como Deus. Então o linguado não aguentou e, do mar tormentoso, ecoou para o pescador: "Volte para casa, ela já está de novo na velha choupana". E é onde eles estão até hoje.

Uma história ultrapassada?

No pano de fundo desse conto de fadas, sem dúvida encontra-se a "concepção pré-moderna de mundo", segundo a qual o indivíduo só pode ser feliz em "sua" condição, ou seja, na profissão e na classe social em que nasceu – fazendo coro com o velho provérbio: "Não suba o sapateiro além da chinela!" Transferido para o casal do conto, isso significa o seguinte: "Pescador, fique na sua condição, e Ilsebill, na sua choupana!" – todo o resto é soberba! Além disso, essa concepção estática do mundo era patriarcal, ou seja, dominada pelo sexo masculino. Os homens eram guardiões da ordem, da ordem "corporativa", bem como daquela dos gêneros. Das mulheres se esperava aquilo que Haydn fez Eva cantar em seu oratório "A criação" (antes do pecado original!): "Ó, (Adão) em quem me tornei! Minha proteção, meu escudo, meu universo! Tua vontade é lei para mim. Assim determinou o Senhor, e obedecer a ti me traz alegria, felicidade e glória".* Se a mulher infrin-

---

* Joseph Haydn, *Die Schöpfung. Oratorium für Soli, Chor und Orchester*. Texto de Gottfried van Swieten, dueto Adão e Eva, citado segundo o arranjo para piano de P. Klengel. Wiesbaden, Leipzig, Paris: Verlag Breitkopf und Härtel, Edition Breitkopf 118, s./d., p. 184.

gisse essa felicidade, era uma perturbadora da paz, como Eva um pouco mais adiante no relato da criação, com o episódio da maçã, ou como, na sequência, as ondinas e as sereias, que "atraem o homem para o abismo", conforme já vimos. Do ponto de vista do conto, Ilsebill é uma típica filha de Eva (após o pecado original!), que seduz o homem com seu descomedimento e que, por conseguinte, acaba se transformando na filha de Satã, a qual, em sua soberba lucífera, com seu último desejo "quer ser como Deus". O conto adverte contra esse perigo do descomedimento feminino e admoesta os homens: reajam desde o começo! Resistam firmemente à cobiça de suas mulheres, para que não aconteça a vocês o mesmo que aconteceu ao pescador, que ela passou a dominar e que perdeu totalmente o controle sobre ela.

Atualmente, já não podemos concordar com essa "solução" para o problema, embora alguns homens atormentados possam sentir uma secreta inclinação a colocá-la em prática. Com isso, será que temos de colocar esse conto de fadas de lado? Acho que não. Pelo menos em uma coisa essa história, bem como as várias outras que já consideramos até agora, nos faz novamente refletir: nela, a ordem patriarcal ainda é representada com vigor e profunda convicção – ao homem compete mandar e agir, e, à mulher, obedecer e servir. Toda nossa tradição social, religiosa e artística está imbuída dessa mentalidade. Por isso, em todos os ideais atuais de igualdade de direitos e valores no relacionamento, também temos de contar com o fato de que essa atitude patriarcal ainda está profundamente arraigada em nós, na alma de homens e mulheres, bem como nas estruturas sociais e no mundo do trabalho, mesmo que nas palavras e declarações ela seja representada de modo total-

mente diferente. Por conseguinte, é um difícil processo de aprendizado libertar-se dela e alcançar uma forma de convívio realmente igual! Para tanto, precisamos ter paciência com nós mesmos e com nosso parceiro, pois nem sempre o esforço pela igualdade de valores entre homens e mulheres produz os êxitos desejados.

Mas essa não me parece ser a única lição a ser tirada do conto. Quando o lemos com atenção e com um olhar atual, percebemos claramente que "por trás" e "sob" a mensagem patriarcal há outras coisas que nos remetem a uma direção oposta. Quanto mais analiso esse conto, mais percebo que sua mensagem se altera e se atualiza. Peço agora a meus leitores que me acompanhem nesse caminho de redescoberta da narrativa.

Fantasia e realismo

Em algum momento me ocorreu o que eu gostaria de ter apresentado no começo: a mulher, Ilsebill, tem um nome, enquanto o homem é sempre designado por sua função. Ele é pescador. Será que isso já não indica uma importante diferença entre ambos, esclarecendo muito do que vem depois? Ilsebill possui algo marcadamente individual. Em contrapartida, a "falta de nome" do pescador não significaria que ele se apaga ou até desaparece por trás de sua função, de seu trabalho? Isso me faz lembrar de uma diferença entre mulheres e homens que encontro com frequência na terapia de casais.

Por acaso isso não poderia estar relacionado ao primeiro diálogo relatado pelo conto e que casais como esse poderiam muito bem ter em uma situação semelhante? Nesse diálogo,

a informação sobre o peixe falante, que também é um príncipe encantado, faz com que Ilsebill logo pergunte: "E você não lhe fez nenhum pedido?" E o pescador responde: "Que pedido deveria ter feito?" Não ocorreu ao pescador que era possível fazer algum pedido ao peixe falante. Ao que parece, ele é realista. Um peixe falante lhe parece um tanto sinistro; ele quer se livrar dele o mais rápido possível e voltar para seu cotidiano "normal". Já Ilsebill reage de maneira totalmente diferente. O peixe encantado logo a faz imaginar que ela poderá sair da realidade de sua choupana, evocando nela a visão de uma vida totalmente diferente: "Você deveria ter lhe pedido uma casinha bonita para nós..." O pescador não a entende. Aparentemente, ele não tem nenhum desejo. Feliz, sem nenhum desejo? É de surpreender, visto que ambos moram em uma "choupana"! Será que ele nunca se deu conta dos próprios desejos, ou será que se desacostumou por puro "automatismo"?

É o que observo com frequência, pelo menos no que diz respeito aos casais de hoje. Os homens são realistas, atuam de maneira automática; quanto mais se expõem à rotina diária, tanto mais se adaptam aos fatos sem queixas ou resistências. As mulheres, ao contrário, fantasiam e sonham como poderia ser diferente, criticam a situação atual e, por conseguinte, perturbam a "paz" aparente dos homens. Tal como no conto, também hoje o peixe misterioso não raro é um "terceiro" ou uma "terceira coisa" que evoca nas mulheres essa visão de uma vida totalmente diferente: um livro de psicologia, uma série ilustrada, uma amiga ou um homem por quem elas se apaixonam... E, tal como no conto, os homens realistas costumam reagir a isso com irritação, medo e resistência. Assim, pouco a pouco a espiral toma impulso: quanto mais desejos a mu-

lher apresenta, mais resistência mostra o homem, e mais insatisfeita fica a mulher...

Do que Ilsebill realmente precisaria

À primeira vista, isso não parece concordar com o conto de fadas, pois o pescador sempre volta ao mar. Ele sempre acata a vontade da mulher e apresenta ao peixe os desejos dela. Isso é o que aparentemente ele faz, mas o modo como o faz é bastante elucidativo e demonstra que ele permanece em sua resistência. Para reconhecer esse fato, é necessário observar o texto com atenção.

Ilsebill queixa-se da choupana e insiste para que ele volte ao mar, ao que ele responde: "Ah, por que devo voltar lá?" E, como ela continua a insistir, lemos no conto: "O homem ainda não queria. Mas, como sua mulher fazia questão, acabou indo". E a situação se repete: ele quer cada vez menos, mas sempre acaba cedendo. Embora se comporte de acordo com os desejos da mulher, o pescador não pronuncia nenhuma palavra que nos permita reconhecer que ele compreende as razões mais profundas dos desejos da mulher, nem mesmo na primeira vez, quando ela deseja apenas uma pequena casa em vez da choupana. Ao contrário. Quando ela se queixa, dizendo que a choupana fede e é repugnante, ele apenas diz: "Por que devo voltar lá?"

Esse trecho parece-me oferecer a chave para compreendermos a evolução restante. Afinal, o que acontece aqui? O que se exprime nessa passagem para ele reagir à queixa dela com essa pergunta? Significa que ele simplesmente ignora o incômodo dela. Tanto no início quanto nos outros diálogos, ele

não faz nenhuma menção a esse incômodo. Ele tenta acalmá-la e convencê-la de que ela não tem motivo para reclamar, mas em nenhum momento se preocupa com aquilo que se passa com ela e que poderia ser a verdadeira razão de sua insatisfação. Apesar da boa vontade aparente, não seria isso um desprezo pela pessoa dela?

Por que tem de ser cada vez mais

Surge, então, uma situação bastante ambígua. O desejo de uma casinha, um castelo, e assim por diante, é satisfeito "em substância". No entanto, o desejo mais profundo de reconhecimento da pessoa, que também sempre ressoa no outro desejo, permanece insatisfeito, pois o pescador não se interessa por ele nem refere nenhuma palavra a ele.

Ao que parece, Ilsebill não percebe isso; pelo menos não chega a reagir diretamente. Entretanto, não poderia a espiral infinita do desejo e da insatisfação, que passa então a se desenvolver, ser uma indicação de que esse profundo desprezo por parte do pescador causa certo efeito nela? Por mais que ela receba em bens materiais, em um nível mais profundo, ou seja, no plano em que é parceira, mulher, ela continua insatisfeita. Como a situação é essa e ela não a percebe, acredita que precisa receber "mais" para se satisfazer: uma casa, um castelo, tornar-se rei, imperador, papa...

Pelo menos é o que costuma acontecer com casais em que o homem aparentemente oferece de tudo, mas renuncia ao plano pessoal: a qualidade é deslocada para a quantidade. Como a mulher não recebe a "qualidade" que na verdade deseja, ou seja, o reconhecimento de seus sentimentos e de sua pes-

soa, a "quantidade" tem de ser sempre maior e, não obstante, nunca é o que realmente a satisfaz. Encontramos com frequência essa dinâmica quando a carência existencial do indivíduo não é levada em conta. Ocorre uma transferência do "querer-ser" para o "querer-ter", e, como "não é isso", surge um "querer sempre mais", ou seja, uma dinâmica do vício, tal como encontramos hoje de diversas formas justamente entre as mulheres: compulsão por compras, hiperfagia, anorexia, alcoolismo...

Amor e poder

Ao longo do processo, há que se observar um segundo deslocamento que também encontro com frequência em casais: um deslocamento do plano do reconhecimento pessoal para o plano do poder. Satisfeito o segundo desejo, a Ilsebill interessa não apenas a posse, a casa e o castelo, mas também o reinado, o império e o papado – significando que, como na antiga concepção de mundo, além de posse maior, ela queria assumir uma posição cada vez mais poderosa. Como não recebe do homem o que deseja em um plano mais profundo, tenta obter o controle do relacionamento por meio de estratégias de poder. Isso fica bastante claro quando ela diz com aspereza ao marido: "Eu sou o imperador e você é só meu marido! Portanto, vá até lá!"

Muitas vezes, o emprego de estratégias de poder no relacionamento conjugal surge da seguinte problemática: não recebo o que na verdade preciso com urgência; portanto, tento obtê-lo à força. No entanto, as Ilsebills de hoje não costumam usar de recursos tão diretos como seu arquétipo, mas de meios

mais velados, embora não menos poderosos: por meio de crises de enxaqueca, de falta de apetite sexual ou de recorrente falta de tempo ("Há sempre tanta coisa para fazer!"), é perfeitamente possível pôr os homens em ação. O aspecto trágico disso é que as possibilidades de realmente se obter o que se deseja tornam-se cada vez mais fugazes. Um pescador intimidado, que se curva e, de cabeça baixa, corre até o peixe, tem cada vez menos condições de lhe dar aquilo de que ela realmente necessita, ou seja, reconhecimento pessoal. Portanto, os instrumentos de poder têm de ser reforçados – rei, imperador, papa –, e, obviamente, nada melhora por meio deles. Ao final, Ilsebill reduz-se a uma solidão desesperadora. Quando finalmente está sentada no supremo trono do papa, o conto diz: "Mas ela estava sentada rígida como uma árvore, completamente imóvel". A escalada – ou refinamento – das estratégias de poder nada traz. Ela fica cada vez mais solitária, mesmo que aparentemente tenha alcançado tudo.

O que o pescador evita

Portanto, para mim, torna-se cada vez mais provável que, visto de uma perspectiva mais profunda, o pacato, diligente e esforçado pescador tenha uma participação essencial nessa espiral infinita de insatisfação que leva à catástrofe, e que a culpa não seja só de Ilsebill, pois o que ele recusa é justamente aquilo de que sua mulher mais precisa, ou seja, o encontro de pessoa para pessoa, o encontro entre um homem e uma mulher. Ele evita esse encontro, uma vez que nunca se refere ao estado emocional em que estão assentados os desejos de Ilsebill nem se envolve com ele. E também escapa desse en-

contro, posto que nunca define claramente seus próprios limites, nem mesmo quando, ao longo dos acontecimentos, os desejos dela se desviam para o irracional. Dessa forma, um sonoro "não" seria uma forma de encontro pessoal e de realmente "tocar" o outro e levá-lo a sério. Com esse "não", ele também exigiria de si mesmo como homem e dela como mulher, e haveria a possibilidade de discutir sobre aquilo que realmente importa. Mas, assim como ele nunca lhe diz propriamente "sim", também nunca lhe diz propriamente "não", nunca estabelecendo claramente seus limites. Verbalmente, ele resiste cada vez mais; porém, na ação, sempre acaba cedendo. Não ocorre nenhuma adaptação de dentro para fora, nenhuma autêntica compreensão por ela, mas também nenhuma delimitação de dentro para fora, nenhum verdadeiro "distanciamento". Assim, tudo termina em uma completa refutação. Como marido, o pescador refuta sua mulher, fazendo com que ela não chegue a lugar nenhum.

Contudo, Ilsebill nunca percebe realmente esse fato nem o leva a sério. Não faz caso da situação e apenas pressiona o marido de modo cada vez mais veemente, mas em nenhum momento o confronta diretamente, por exemplo, dizendo logo de início: "Ei, você ouviu o que eu disse? Não aguento mais essa choupana! Quero que você ouça bem isso e dê um jeito na situação!" Não, ela nunca fala assim. Não cuida de si nem de seus legítimos interesses; por isso, seus desejos crescem "externamente" e, quanto mais crescem, tanto mais ameaçadora ela se torna para o pescador, mais ele evita e recusa um encontro pessoal e mais incomensuráveis se tornam os desejos dela – até, finalmente, tudo desmoronar e ambos voltarem a residir na choupana.

Desse modo, o pescador mostra um comportamento que se assemelha ao de muitos homens em relacionamentos longos: aparentemente, ele se adapta à mulher e, ao mesmo tempo, se defende dela. Assim, torna-se intangível. A qualquer momento, ele pode dizer: "O que você tem, afinal? Faço tudo por você!" E ainda: "Realmente é impossível satisfazê-la!" E, muitas vezes, as mulheres atuam como Ilsebill, pois não permitem que o outro perceba a causa de sua insatisfação nem o motivo pelo qual se sentem tão irritadas com o pobre homem, que sempre se esforça tanto...

Talvez nesse ponto devamos perguntar: Por que o pescador age dessa forma? Por que tantos homens agem dessa forma? Mais uma vez, encontramos aqui o medo do homem em relação às necessidades da mulher; um medo que aparentemente atravessa toda a nossa tradição. Como vimos, é o medo de ser "engolido" pela mulher, de ser puxado por ela para as profundezas. No entanto, o pescador representa o tipo de homem que se sai "com mais habilidade" do que vimos no caso do moleiro e da ondina ou em Sansão e Dalila. Ele não cai tão depressa "na armadilha" da mulher, adapta-se e, "por trás", mantém a resistência. O conto diz que ele não deveria fazer isso, e tem razão. Mas o que implicitamente sugere como remédio, a saber, rejeitar desde o início e de maneira categórica os desejos da mulher, por certo não é a solução; ao contrário, como bem sabemos, isso os leva de volta à choupana conjugal.

Ousar um encontro
e cuidar de si mesmo

Qual seria a solução para o pescador? Parece bastante simples. A solução seria envolver-se com sua mulher. Mas o que

isso significa? Talvez já não reste dúvida de que isso não significa, necessariamente e em primeira instância, satisfazer seus desejos. Trata-se, antes, do reconhecimento e do respeito pelos desejos, necessidades e sentimentos da parceira. Eles podem existir, são legítimos e têm sua razão de ser. Envolver-se significa, sobretudo, levá-los a sério, ocupar-se deles e conversar a respeito. Os homens costumam ter dificuldade com isso. Acham que têm de "fazer" alguma coisa logo, e, quando não conseguem ou quando lhes parece demais, ficam bloqueados ou o fazem com ressentimento. No entanto, trata-se, em primeiro lugar e acima de tudo, de conversar carinhosa e atenciosamente com a mulher sobre os desejos e as necessidades dela. Dessa conversa pode surgir um processo que leve ambos a um lugar diferente do que parecia no início. Do desejo de fazer uma viagem cara revela-se, por exemplo, como desejo mais profundo, passar um período a dois sem serem perturbados. A viagem deixa, então, de ser tão importante ou o investimento parece pertinente e necessário ao homem.

O que foi dito refere-se à parte dos homens no modelo de relacionamento Ilsebill-pescador. Obviamente, a parte de Ilsebill também existe e, por sua vez, faz avançar a espiral do modo como já indiquei. A esse respeito, eu gostaria de discorrer mais detalhadamente.

Por exemplo, chama a atenção o fato de que ela sempre manda o marido ao mar e nunca se torna ativa. Provavelmente, tampouco era o que se supunha de uma mulher da época. Não obstante, no que se refere à resistência do marido, não se poderia esperar que ela dissesse: "Agora vou eu ter com o peixe – com ou sem você. Eu mesma vou falar com ele!" Ela não o faz e fica dependente do pescador e de sua atitude. E,

por agir assim e como forma de compensação, tem de insistir, pressionar o marido e ficar repetindo suas queixas. Como já foi dito, ela acaba ignorando a resistência maciça que o pescador opõe a seus desejos, a consequente desvalorização expressa de sua pessoa e o desprezo de sua situação de vida "na choupana".

Apesar da emancipação e da igualdade de direitos, por acaso as mulheres de hoje não costumam agir de modo semelhante? Com os direitos adquiridos elas estão satisfeitas, mas não é de admirar que em casa se sintam sufocadas. É compreensível que não queiram guardar o diploma na gaveta. Também é compreensível que nem sempre queiram ouvir só choro de criança à sua volta. Entretanto, sentem medo de tomar a rédea das coisas e, assim, queixam-se, ficam frustradas e irritadas e começam a resmungar para o marido. Obviamente, muitas mulheres têm razão ao reclamar que o marido lhes dá pouca atenção e se preocupa pouco com o relacionamento. Porém, às vezes, também é preciso refletir se não é a desvalorização da competência e da responsabilidade pela própria vida, "herdada" com o papel tradicional da mulher, que faz com que se enfatize em demasia a importância do relacionamento e, por conseguinte, com que se critique constantemente o parceiro. A insatisfação das mulheres também pode ser atribuída ao fato de que, como Ilsebill, elas não têm o controle do próprio destino, de que não ousam exigir alguma coisa dos filhos e dos cônjuges, de que temem o risco de sair e se expor; em resumo: de que elas próprias evitam conversar com o príncipe encantado em forma de peixe. Para não ter de se apresentar a ele, preferem responsabilizar o homem e as carências de seu relacionamento por sua infelicidade.

Por que os parceiros se escolhem

Se Ilsebill já tem essa tendência a desvalorizar a própria competência e a não se posicionar, por que então ela escolhe o pescador, um homem que também não se posiciona em seu favor nos momentos adequados nem contra ela nos momentos necessários? O conto não responde a essa simples questão sobre a escolha do parceiro. Todavia, podemos facilmente imaginar como ela acontece. Mulheres como Ilsebill costumam escolher homens como o pescador, pois, normalmente, o fato de ambos terem deficiências nos mesmos pontos não se revela no começo. Em primeiro plano está, inicialmente, a complementação: com seu comportamento reservado e diligente, o homem-pescador lhe parece ser alguém que lhe tomará a responsabilidade pelo risco de viver, alguém com quem ela pode se sentir bem amparada, segura e protegida. Somente mais tarde se descobre que, por trás dessa reserva, esconde-se na verdade o medo do autêntico encontro com a parceira e com o aspecto feminino.

Muitas vezes acontece o mesmo com a escolha do parceiro: casamos com aquele que parece combinar conosco, pois, aparentemente, ele tem aquilo que nos falta. Assim, o pobre pescador casa-se com Ilsebill, que tem muita imaginação e vontade de viver, e a insegura e temerosa Ilsebill casa-se com o pescador pacato e seguro de si – quando considerado em sua evolução habitual. Como demonstrado no conto, essas características geram intensos conflitos no decorrer do relacionamento, pois, "por trás" da fantasia de Ilsebill, vê-se posteriormente sua grande necessidade e, "por trás" da tranquilidade do pescador, seu medo.

Não obstante, ouso afirmar que essa pode ser a escolha "correta" do parceiro, pois aquilo que, por um lado, se prende no outro carregando todos os problemas – no nosso caso, a necessidade de Ilsebill e a resistência do pescador – e depois se intensifica reciprocamente de maneira destrutiva, por outro significa um poderoso desafio mútuo no momento decisivo, uma vez que o pescador confronta Ilsebill justamente com seu modo de vida, ou seja, o de ignorar a si mesma em vez de se cuidar e de deixar claro quais são seus desejos. Desse modo, ele a desafia a se ocupar de seu próprio modo de vida e a aprender a dar importância a si mesma. O mesmo se dá inversamente: Ilsebill confronta o pescador com sua postura, ou seja, com seu medo de ousar um encontro, de se colocar como homem diante de uma mulher, em vez de mergulhar em adaptação e resistência. Assim, ela o desafia a se posicionar em relação a isso e a participar de um processo de desenvolvimento até alcançar uma identidade masculina completa.

Em relacionamentos longos e íntimos, sempre encontramos nossos pontos fracos. Na maioria das vezes, o que inicialmente nos fascina no outro também se torna o que mais nos irrita nele. Contudo, nem sempre isso significa que fizemos a escolha errada. Antes, pode significar justamente que o outro se torna para nós o desafio decisivo para nosso amadurecimento pessoal, uma vez que ele nos desafia justamente nos pontos em que mais precisamos nos desenvolver.

Transformar-se em desafio um para o outro

Assim, no final, fica claro o que parece surpreendente: por mais diferentes que sejam o pescador e sua mulher e por mais

opostos que pareçam em seu comportamento, no fundo têm a aprender o mesmo um com o outro: em primeiro lugar, a "ajudar a si mesmos" e, em segundo, a "ousar encontrar o outro".

Para o pescador, ajudar a si mesmo seria reconhecer os próprios medos e o próprio pânico que o tomam perante a necessidade da mulher. Esse autorreconhecimento o livraria de continuar em sua estratégia de adaptação e resistência. Esse seria o requisito para que a mistura ambivalente de resistência e adaptação em relação às mulheres pudesse se desfazer aos poucos. Em seguida, a ousadia do encontro também seria possível, uma vez que a adaptação poderia se transformar em verdadeira entrega, e a resistência, em nítida delimitação; além disso, ambas estariam à sua disposição, dependendo da situação.

Por outro lado, para Ilsebill, ajudar a si mesma significaria aprender a sentir quanto ela se despreza quando simplesmente engole as manifestações de desvalorização contidas em cada declaração do pescador, continuando a depender do modo como ele age. Se ela se permitisse sentir isso, é de esperar que ficasse irritada a ponto de decidir ativar sua autoestima e tomar as rédeas de seu próprio destino. Porém, com isso também começaria, por sua vez, a ousar um encontro: ela se tornaria de fato um oposto ao pescador, pois, justamente quando já não "precisasse" dele para satisfazer a si mesma, poderia encontrá-lo como parceira, como alguém que se une a ele no amor sem se perder, ou também como alguém que, quando necessário, dele se separa com dignidade e é capaz de seguir o próprio caminho sozinha, caso não queira acompanhá-lo.

Se ambos aprendessem dessa forma a se ajudar e a ousar se encontrar, nem tudo acabaria necessariamente bem, mas

as chances de um relacionamento satisfatório com certeza não seriam poucas. Independentemente de como continuasse a história do pescador e Ilsebill, uma coisa é certa: todo o encanto com castelos, reis, imperadores, papas e Deus não seria necessário, e sem dúvida eles não voltariam no final a deparar com sua choupana. O caminho para um futuro melhor estaria livre – quer estivessem juntos, quer não.

8

Merlin e Viviane

Como um homem mais velho e uma mulher bem mais jovem podem ser felizes juntos

De que trata este capítulo

"Isso não pode dar certo – o velho e essa moça!" Assim julgam os circunstantes, e esses pensamentos também acabam por afetar o coração e a mente dos envolvidos. Obviamente, uma diferença muito grande de idade entre os parceiros traz consigo problemas específicos. Merlin e Viviane, casal um tanto excêntrico da antiga saga celta, nos ensinam que, apesar de tudo, esse relacionamento pode dar certo e até ter seu charme.

A figura do mago Merlin pertence às sagas do ciclo arturiano. Nesse contexto também se encontra a história do excêntrico casal Merlin e Viviane, ao qual nos dedicaremos a seguir.

A história de Merlin e Viviane

Viviane é uma ninfa das fontes, pertencente ao séquito de Diana, deusa da Lua, senhora dos animais e da natureza livre. Merlin e Viviane se encontram pela primeira vez junto a uma fonte. O velho Merlin impressiona a jovem Viviane com suas magias e seu dom profético. Ela quer aprender tudo com ele. Como retribuição, propõe-lhe ser sua confidente e amiga todos os dias de sua vida. Trata-se de uma troca, não de um comércio. A ele falta a juventude; a ela, a sabedoria da idade. Merlin deixa Viviane apenas uma vez, para se despedir de seu mestre Blásio e do rei Artur, de quem era conselheiro. Em seguida, Viviane o aprisiona enquanto ele dorme, traçando um círculo mágico ao redor dele. Quando acorda, "lá estava ele, como se estivesse na mais bela torre do mundo, deitado no mais belo leito". Sem o consentimento de Viviane, ele já não pode deixar o local, mas ela cumpre o prometido e não passa um dia sequer sem estar ao lado dele. Enquanto ele está preso, ela vem e vai como bem quer.*

Em seu livro *Paare* [Casais], Verena Kast escreveu coisas essenciais e tocantes a respeito de Merlin e Viviane e de situações de relacionamento entre "velhos sábios e mulheres jovens". Eu gostaria de retomar esse tema por três razões: em primeiro lugar, porque o livro de Verena Kast é uma publicação já antiga; em segundo, porque tenho deparado muito com a situação de relacionamento entre "mulher mais jovem e homem mais velho"; e, por fim, porque essa situação tem suas possibilidades e seus problemas específicos.

Com frequência, essa circunstância ocorre em um segundo ou terceiro relacionamento. Os homens ficaram viúvos ou se separaram, e as mulheres geralmente (ainda) não têm filhos ou têm filhos adultos de um relacionamento anterior. Creio que, em muitos aspectos, Merlin e Viviane possam ser um "casal-modelo" útil para esses casais. Há que se notar aqui que, em nossa sociedade, a frequência de casais em que a mulher é bem mais velha que o homem também aumentou visivelmente. Em parte, esses casais terão proveito ao ler o texto que exponho a seguir, pois muitas situações problemáticas se apresentam de modo semelhante. No entanto, esse proveito será apenas parcial, pois, em virtude da diferença de sexo, a

---

* Cf. Verena Kast, *Paare. Beziehungsfantasien oder Wie Götter sich in Menschen spiegeln*. Stuttgart: Kreuz Verlag, 1984, pp. 103 ss.

situação muda completamente dependendo de quem for mais jovem ou mais velho.

Má reputação

O primeiro problema enfrentado pelo homem mais velho com a mulher mais jovem é o fato de que essa situação não tem boa reputação. Quando as pessoas ouvem a respeito, logo sorriem como se "soubessem" o que isso significa. Ou então se mostram ligeiramente chocadas: "O que esse velho quer com essa jovem? Por acaso não aceita a própria idade e precisa se agarrar de qualquer jeito à juventude? Será que está querendo que a moça o coloque para funcionar novamente, para que assim ele possa mostrar seu vigor? E o que ela quer com ele? Estaria à procura de uma garantia material? Estaria querendo se arrumar na vida e por isso disposta a aceitar tudo?" Com esse tipo de comentário e outros semelhantes, casais com grande diferença de idade são avaliados – ou creem que assim o são. Isso gera insegurança e constrangimento, mas pode fazer bem saber que essa situação não é tão estranha e suspeita quanto parece e vem de longa tradição. Podemos encontrá-la nos antigos mitos, como justamente no de Merlin e Viviane, o sábio idoso e a moça. Contudo, ela é peculiar, pois a grande diferença de idade não é algo secundário que possa ser negligenciado. É necessário considerar atentamente essa peculiaridade para que a união possa dar certo.

Amor cortês

Vistos de fora, Merlin e Viviane podem ser concebidos como grandes opostos. Viviane é uma ninfa das fontes, é jovem e bela, ainda tem boa parte da vida pela frente e muito o que realizar. Merlin, o mago, é idoso, já viajou muito, teve várias experiências, é consultado como conselheiro por "senhores importantes" e já viveu a maior parte da vida. Obviamente, é também sua "riqueza" que a fascina, sua riqueza de capacidade, sabedoria e experiência. Ele, por sua vez, fica fascinado com a juventude, a vitalidade e a atratividade dela. No entanto, para mim, aquilo que na história chama a atenção como sendo o mais importante é outra coisa: Viviane é aquela que faz de Merlin "seu prisioneiro", que faz com que ele já não possa sair do lugar. E Merlin se deixa levar. Já não pode voltar à corte do rei Artur nem perambular pelo mundo, porque está preso.

O que isso significa? Em casais como Merlin e Viviane, vejo sempre a mulher dizer que finalmente seu parceiro é um homem "que se deixa amar", que realmente se envolve com ela. Para ele, nada mais é importante. E ele diz que finalmente ela é uma mulher a quem ele pode dizer "sim" sem reservas. Em seus outros relacionamentos, respondia sempre "sim, mas". De certo modo, ficava sempre dividido. Agora, pela primeira vez, sente-se internamente livre de verdade para se envolver por completo.

Esta parece ser uma possibilidade da situação de Merlin e Viviane: viver o relacionamento homem-mulher com uma complacência que antes não era possível. Por aquilo que já viveu e passou, no que se refere a relacionamento e complacên-

cia, o homem, que geralmente é quem tem mais dificuldades, tornou-se capaz e pronto para se envolver por completo com a mulher. Certamente também desempenha um papel nesse contexto o fato de que ambos já não têm a necessidade de construir uma família nem lidar com preocupações, como meio de subsistência e educação dos filhos, que os desgastaram em relacionamentos anteriores. Também desempenha um papel o fato de que, em geral, o homem-Merlin já não precisa se afirmar profissionalmente. Muitas vezes, homens cuja autoestima é (muito) ligada ao desempenho na profissão têm a capacidade de amar consumida pelo fato de que retiram toda a energia do relacionamento e a investem no trabalho. Para Viviane, o homem-Merlin já não é alguém que, "além do relacionamento", tem uma porção de coisas para resolver, mas alguém que se "deixa aprisionar por ela". Para ele, o amor pela parceira se tornou a coisa mais importante de sua vida.

O lado bom é que já não existe um vaivém de insegurança e hesitação. Para ambos, tudo é muito claro: "Sou seu e você é minha". A complacência se tornou possível sem ter sido sentida ou repelida como restrição, ou ainda sem ter sido questionada. Para mim, isso se expressa no círculo mágico que Viviane traça ao redor de Merlin para "prendê-lo".

Dar e receber

À primeira vista, é difícil conceber um relacionamento "mais assimétrico" do que aquele entre Merlin e Viviane. Em primeiro plano não está a igualdade, mas a diferença. Não é fácil lidar com ela. Ele tem mais conhecimento, capacidade e experiência. Às vezes, ela se sente "tola" perto dele. Em contrapartida, tem

mais vitalidade, é superior a ele em termos de energia. Isso contradiz a compreensão dos papéis apresentados até agora e, ao lado dela, faz com que ele "pareça bem velho". Como produzir igualdade em uma situação como essa? Vejamos como fazem Merlin e Viviane.

Merlin ensina suas magias a Viviane. Coloca generosamente à sua disposição aquilo que tem. E, naturalmente, ela o aceita e até volta a pedir-lhe para que lhe ensine mais. Por assim dizer, aceita "sem cerimônia" o que pode receber dele. Por isso, procura-o, fiel e confiante, todas as noites e o presenteia com sua juventude, sua sensualidade e seu erotismo. E Merlin a recebe e desfruta de sua companhia.

Mas não seria esse um mau negócio, o do "amor em troca de ajuda"? Não daria origem a uma simbiose restritiva, segundo o lema "cada um satisfaz as próprias deficiências com os recursos do outro"? Não seria uma exploração recíproca? Certamente isso poderia constituir um risco. Mas, quando observamos a história, vemos que não é assim. Merlin não diz: "Ensino-lhe minhas magias, para que você...", e Viviane tampouco diz: "Presenteio-o com minha juventude, para que você..." De fato, visto assim, isso seria um mau negócio, uma simbiose ruim. Mas, ao contrário, a atitude de Merlin parece ser a seguinte: "Dou-lhe aquilo que tenho porque a amo!" E Viviane: "E eu lhe dou o que tenho porque o amo!" A doação recíproca e sem reservas de ambos é a expressão da complacência de seu amor, e não um "toma lá, dá cá".

O que surge e resulta a partir disso é uma verdadeira "reciprocidade", uma compensação mútua entre dar e receber, pois, para Viviane, as artes de viver de Merlin são importantes do ponto de vista existencial, e, para ele, o são o prazer

sensual e a força do amor de Viviane. Ambos se sentem plenamente compensados um pelo outro, e isso é o que produz a igualdade essencial entre eles, ainda que aparentemente possam ser concebidos como desiguais e permanecer como tais, e embora algumas vezes essa desigualdade possa causar problemas.

Conseguir aceitar

Já dissemos que Viviane aceita de Merlin o que ele tem para lhe dar. Nesse sentido, podem muito bem surgir dificuldades para casais em situação semelhante. Por exemplo, a mulher-Viviane diz: "Não posso simplesmente aceitar tudo o que estou aproveitando – seu padrão de vida, seu dinheiro, seu status, sua capacidade e seu conhecimento! Aceitar simplesmente, sem fazer por merecer, sem lutar?!" E o homem-Merlin não está muito longe de dizer ou pensar: "Será que ainda sou um homem atraente para ela? Será que isso vai durar? Será que mereço receber tanta dedicação e tanto amor?" Ou seja, nesse tipo de situação, geralmente é mais difícil aceitar do que dar. Em "relacionamentos jovens", como vimos simbolizados, por exemplo, em João e Maria, é mais comum que ambos queiram receber e sintam que (já) não têm força para dar ao outro. Em relacionamentos como o de Merlin e Viviane, geralmente ocorre o inverso: o problema é aceitar "sem cerimônia", pois cada um não se sente "merecedor" da doação do outro em razão de sua riqueza específica.

Talvez agora alguns leitores estejam pensando: "Puxa, bem que eu gostaria de ter *esse* problema!" Mas esse problema não é tão pequeno quanto parece! É preciso ativar muita autoes-

tima dentro de si para sentir-se merecedor de tal doação. No entanto, o amor só flui quando *ambas as coisas* "funcionam", tanto o dar *quanto* o receber. Mesmo quando isso já existe muito: quando não se recebe, também não se pode dar, e o fluxo do amor é interrompido; às vezes, é preciso muita força para superar a própria tendência de se sentir inferior e realmente conseguir aceitar.

Voltar-se para dentro e voltar-se para fora

Com o passar do tempo, para os homens – e com mais frequência ainda para as mulheres com as quais eles vivem – costuma tornar-se um problema o fato de que, ao longo de toda a vida, eles se dirigiram quase exclusivamente "para fora". Quase sempre se dedicaram a realizar, dominar, resolver problemas e agir. Um déficit de "interioridade" se faz sentir: como já foi dito, muitas vezes é mais intenso para as mulheres que vivem com eles que para os próprios homens. Em contrapartida, ao longo da vida das mulheres, sobretudo quando elas se ocuparam, até então, da família e dos filhos, muitas vezes lhes falta justamente o que sobra nos homens: a possibilidade de criar, construir, ter experiência de produzir, realizar, agir por si próprias e apresentar-se para o mundo externo. Em nossa história, é visível que o relacionamento de Merlin e Viviane oferece, nesse sentido, uma oportunidade específica.

Merlin volta a visitar seu mestre Blásio e retorna à corte do rei Artur. A ambos revela que pretende retirar-se na floresta para ficar com Viviane. E na floresta é feito prisioneiro pela magia que ela aprendeu com ele. No futuro, porém, o que ocor-

re é que Merlin vive na floresta enquanto Viviane sai para o mundo, a fim de tornar-se senhora de sua vida justamente com aquilo que aprendeu com ele. Transposto para a situação de nosso casal, isso significa que, para o homem mais velho e a mulher mais jovem, acontece algo diferente em suas respectivas fases da vida: ele se volta mais para dentro, enquanto ela se volta mais para fora. Mas justamente nesse aspecto ambos podem se ajudar: agora, Merlin teria condições de se tornar o polo tranquilo, podendo, nessa posição, iniciar muito daquilo que, de todo modo, está estagnado em sua vida, à espera de realização, ou seja, todos aqueles desejos "internos" que até então foram negligenciados, como a literatura, a arte, a filosofia ou a meditação. E Viviane poderia aproveitar essa situação para viver o lado "amazona" de sua condição de mulher, voltar-se para fora, criar, lutar e construir aquilo que ela considera sua missão no mundo. O Merlin errante recupera-se na "floresta", volta-se para dentro de si, enquanto Viviane sai para o mundo, e ambos encontram a própria felicidade sentindo o outro dessa forma.

Com frequência, casais que são tão diferentes, como Merlin e Viviane, correm o risco de entrar em concorrência um com o outro. Um quer ter o que o outro tem e se sente em desvantagem em relação a ele. Merlin não inveja os êxitos de Viviane, ele já os teve o suficiente; e Viviane não inveja o modo de vida "tranquilo" de Merlin, seu interesse é outro.

O perigo ameaça, antes, em relação a outro aspecto. O homem-Merlin, que talvez já tenha passado por muitas coisas das quais Viviane agora se ocupa, pode querer "dissuadi-la" quando ela "sai do mundo", volta para a "floresta" e lhe conta suas dificuldades, talvez também seus medos e inseguranças:

"Ah, não é tão ruim assim, você vai conseguir, não precisa ter medo..." Ele pretende tranquilizá-la, talvez até apagar suas dificuldades, mas para a mulher-Viviane isso pode muito bem parecer que ele não está levando seus sentimentos a sério, que está minimizando as coisas e até se sentindo superior, diminuindo-a. Nesse ponto, a situação "assimétrica" do casal pode, de fato, complicar-se.

Transferências entre pai e filha

Com isso, discorri sobre um âmbito problemático, com o qual casais que se encontram na situação "homem mais velho/mulher mais jovem" muitas vezes se veem confrontados e para o qual nossa história já não oferece muita ajuda. No entanto, como normalmente esse âmbito é significativo para esse tipo de situação, desejo me aprofundar um pouco mais nele: refiro-me às características "transferências" mútuas do homem para a mulher e da mulher para o homem. Do ponto de vista meramente externo, com frequência a situação desse tipo de relacionamento nos faz lembrar o relacionamento entre pai e filha. Acrescente-se a isso o fato de que, às vezes, a diferença de idade entre a mulher-Viviane e uma eventual filha de relacionamentos anteriores do homem-Merlin é ínfima ou inexistente. Por isso, não se exclui a possibilidade de ela nutrir sentimentos de filha em relação a ele, e ele, sentimentos de pai em relação a ela. Muitas vezes, ainda se verifica que ele, de fato, se assemelha ao pai dela em muitos aspectos ou, pelo menos, à sua "imagem ideal de pai". É o que acontece quando "a criança interna" da mulher participa da escolha do parceiro e, em certo sentido, vê no homem-Merlin o "bom pai" pelo qual anseia, o que a leva a escolhê-lo.

Isso pode levar a complicações, pois ele, de fato, começa a vê-la como filha, por exemplo, tratando-a com atenção, mas também com superioridade. Como consequência, paralelamente à filha "querida", nela pode se manifestar de repente uma filha "rebelde", que se sente constrangida e diminuída, começando, então, um belo conflito.

Do mesmo modo, ela pode "dar o pontapé inicial" mostrando-se mais dependente, incompetente e desamparada do que realmente é, motivando-o a reagir de forma atenciosa, mas também dominante e instrutiva, ao que ela, por sua vez, reage conforme descrevemos anteriormente. Por assim dizer, ela o veste com a roupa de "pai", e ele a veste com a roupa de "filha", e depois ambos "têm" de travar aquela penosa luta para se desvencilhar um do outro; luta essa que anteriormente teria sido necessária entre pai e filha. Antes, era inevitável e até construtivo, mas no relacionamento atual entre o casal não costuma fazer muito bem.

Obviamente, o problema ilustrado ocorre com casais de maneira geral, não apenas com aqueles com grande diferença de idade, e também se dá na variação de gênero do tipo "filho-homem" e "mãe-mulher". De ambos os lados, é necessário muito cuidado para que não se caia nesse modelo. Esse cuidado elevado pode fazer muito bem quando ambos os parceiros se mostram abertos à reação do outro: "Diga-me na hora se eu começar a me comportar como seu pai/sua filha!" Nesse contexto, também pode ser útil introduzir "códigos" engraçados: quando o homem-Merlin se comportar como pai, ela pode responder em tom marcadamente submisso: "Está bem, papai!" E vice-versa, em situação análoga, ele pode responder em tom enfaticamente "paternal" à mulher-Viviane: "Está

bem, filhinha!" E, assim, ambos podem rir da situação e exorcizar o perigo de uma espiral negativa.

Por certo, a transferência entre pai e filha é um perigo para casais do tipo Merlin e Viviane, mas também pode ser um enriquecimento, um recurso que confere um encanto especial ao relacionamento. Quando criança, talvez a mulher-Viviane tenha sofrido por sentir que seu pai lhe dava pouca atenção e que precisava de mais dedicação, carinho e valorização por parte dele. Tudo o que agora ela experimenta com seu paternal parceiro-Merlin. Ela deve permitir-se desfrutar plenamente disso com base nos eventos vividos em sua história de origem. O lado paternal do homem-Merlin pode ser uma experiência salutar para restabelecer um âmbito importante da "criança interna" da mulher. Para o homem, por sua vez, pode ser uma experiência maravilhosa doar-se de maneira tão generosa e "desimpedida", tal como talvez tenha desejado fazer com os filhos, que, no entanto, não estavam abertos para isso, ou então porque ele, na época, não conseguiu chegar a esse ponto ou não encontrou o acesso correto a eles... Agora, ele pode viver plenamente o que antes já existia mas estava bloqueado. Desse modo, o relacionamento dá a ambos a oportunidade de concluir bem "questões não resolvidas" do passado. Na linguagem técnica da terapia, também chamamos isso de "experiências de correção", pois, por meio delas, experiências negativas do passado e suas consequências, que ainda carregamos conosco, podem ser "corrigidas".

Muitas vezes, isso também se confirma no sentido de que, com Viviane, o próprio homem-Merlin é transportado à sua juventude. Além do fato de que às vezes ele pode ser "pai" de uma maneira que o faz feliz, com a mulher jovem ele tam-

bém pode, provavelmente pela primeira vez na vida, viver um "amor jovem" sem os medos e bloqueios que talvez tivessem prejudicado os relacionamentos com as mulheres em sua juventude. Assim, um pouco da juventude "prejudicada" também pode cicatrizar em seu coração. Certamente ele não voltará a ser jovem, como talvez às vezes o deseje; por isso, justamente essa experiência, além daquela "de correção", também é uma confrontação com a idade e a efemeridade. Mas talvez, no meio-tempo em que passou em sua floresta, Merlin já tenha se tornado tão sábio que é capaz de ambas as coisas: aceitar a própria idade *e* desfrutar do momento da sua juventude que surge repentinamente...

Quando Viviane quer ter filhos...

Merlin e Viviane estão em pontos muito diferentes de seu ciclo de vida. Viviane costuma encontrar-se ainda na fase da construção, em pleno "verão", por assim dizer, e Merlin já está na fase da colheita, no "outono" ou até mais tarde. A esse respeito, dissemos que isso pode significar complementação e oportunidade, pois Merlin, por exemplo, pode voltar-se mais para dentro, e Viviane, traçar seu caminho para fora. Contudo, a diferença nas fases da vida também leva a grandes crises, sobretudo quando parece ter para ambos consequências muito diferentes e contraditórias na condução concreta da vida. Sobre essas duas situações, que pretendo discutir nesse contexto, o Merlin e a Viviane de nossa saga não nos instruem diretamente, porém, como casais nessa situação costumam confrontar-se com isso, prefiro concluir com um aprofundamento.

Em primeiro lugar, falarei do caso em que Viviane deseja ter filhos com Merlin. Talvez para ela essa seja a oportunidade de ter filhos, e talvez Merlin seja o primeiro homem com quem ela sente esse desejo de maneira tão intensa. Não seria uma rejeição ruim a seu amor e um bloqueio de sua perspectiva de vida se Merlin lhe negasse isso? No entanto, para ele, para sua perspectiva de vida, já não teria passado a época de ter filhos pequenos? Poderia um pai tão velho responsabilizar-se por um filho? Seria capaz de arcar com o fato de que talvez a criança passe com ele poucos anos de sua vida? E o que diriam a respeito seus próprios filhos e filhas adultos, que talvez também já tenham filhos? Não o tomariam por louco ou irresponsável?

Uma situação nada fácil! Lembro-me de um casal que estava passando pelo mesmo dilema e, por isso, recorreu a mim para aconselhamento. O homem era presidente aposentado do tribunal de primeira instância, e a mulher, uma professora experiente e bem-sucedida, ainda na ativa. A diferença de idade entre eles era de quase trinta anos. Até então sem filhos e havia anos ocupando-se de crianças, pouco tempo antes ela sentira o desejo intenso de ter um herdeiro. Era visível que o amor entre ambos era profundo e vivo, e não pude constatar neles nenhuma motivação "estranha", ou seja, problemática, nem no desejo dela, nem na resistência dele. Ambos tinham razões respeitáveis e totalmente compreensíveis para sua posição. O que fazer em uma situação como essa? Obviamente, eu não podia decidir por eles, porém, em circunstâncias semelhantes, costumo me colocar na posição do outro, ou seja, dizer abertamente o que penso e sinto a respeito, claro, sem querer lhes impor minha posição, que deve ser apenas um auxílio de orientação.

Nesse caso, minha posição era a seguinte: acho bom acompanhar a tendência do amor que deseja ter um filho e colocar de lado as reflexões contrárias. Nessa situação, confio na "corrente da vida", na direção a que o amor impele. E o que fazer com as reflexões? Acredito que elas têm um peso menor. Pensemos na questão do pai mais velho: são tantas as crianças hoje que convivem tão pouco com seus pais muito mais jovens porque estes não têm tempo, enquanto o pai-Merlin realmente poderá dispor de tempo, ócio, paciência e liberdade para o filho e estar presente, mais do que provavelmente pôde quando jovem! Outra questão é a do pai que poderá morrer logo: quantas crianças não crescem hoje sem pai, não porque ele tenha morrido, mas porque se separou da mãe e já não se mostra tão "presente"? Seria mesmo danoso para a criança perder o pai-Merlin quando ainda é pequena, mas ter convivido durante alguns anos com um pai realmente presente e que estava ligado à sua mãe por um amor vivo? E quanto à questão dos filhos adultos do pai-Merlin? Para eles pode até ser um problema ver o pai gerar um filho mais novo do que seus netos, mas eles se acostumam, e talvez a situação os ajude a ter uma visão mais flexível e menos convencional da vida...

Reconheço que uma resolução como essa é difícil e cheia de riscos. Mas será que a decisão oposta o seria menos? Creio, antes, que ela conteria um risco maior, pois, se o desejo de ter um filho provém do amor pelo parceiro, a recusa deste, ainda que por razões importantes, normalmente é sentida pela mulher como uma recusa de seu amor. E isso poderia ter um efeito oneroso para o relacionamento entre Merlin e Viviane.

Uma vida em comum?

No entanto, em outro aspecto, a diferença nas fases dos ciclos vitais ainda pode se tornar bem difícil, mesmo que Viviane (já) não deseje ter filhos. Isso ocorre quando ambos ainda não conseguem viver sua vida como casal, pois Viviane tem filhos de um relacionamento anterior, que talvez ainda precisem dela por um tempo maior. Discuto aqui apenas esse caso, pois, em virtude da diferença de idade, normalmente os filhos do homem-Merlin já são grandes o suficiente para não precisarem dele diretamente.

Quando ambos vivem seu relacionamento de maneira amigável, é compreensível que também desejem desenvolver uma perspectiva comum de futuro em um espaço comum. Para o homem, em razão de sua situação de vida, certamente seria concebível que a mulher fosse morar com ele. No entanto, a mulher que, por exemplo, ainda tenha filhos para criar, tem de incluí-los em seu plano de vida, que passa a ter uma dimensão totalmente diferente. Assim, facilmente se chega a um dilema. Ela gostaria de ser justa com ambos – com seu relacionamento conjugal e com seus filhos. Está claro que o novo relacionamento e os antigos laços familiares não podem simplesmente ser "misturados", mesmo que haja condições externas para tanto. Não podem ser "misturados" porque o homem-Merlin não tem uma história em comum com os filhos de Viviane. De fato, eles "nada têm a ver um com o outro".

Como proceder então? Simplesmente seguindo o impulso do novo amor e recomeçando uma vida em comum – mesmo que, desse modo, a mulher se sobrecarregue como mãe e exija em demasia dos filhos, que podem rebelar-se e fazê-la

temer repercussões complicadas ao relacionamento? Ou se devem manter os dois "mundos" separados e assumir a responsabilidade pelas complicações da distância aparente e pelo sofrimento da separação constante do parceiro? De modo geral, o homem-Merlin é quem está livre e disponível. A mulher-Viviane é quem ainda tem vínculos mais fortes. Será que ele consegue colocar-se no lugar dela? Ou será que insistiria, de maneira "narcisista", em suas próprias necessidades no relacionamento, sem levar em conta os vínculos dela? Ou, ao contrário: Tenderia a recusar em demasia suas próprias necessidades e participar muito pouco como parceiro? E, ainda: Estaria ela muito ligada aos filhos? Estaria muito angustiada? Não teria coragem de exigir alguma coisa deles? Ou, ao contrário: Talvez realmente esteja exigindo demais e tendo pouca consideração, por exemplo, pela lealdade deles ao pai biológico?

Não existem respostas fáceis para essas perguntas, menos ainda que possam ser aplicadas de modo geral, sem levar em conta o caso concreto. No entanto, é necessário sempre fazer essas perguntas um ao outro. E, em todo caso, ambos sempre devem ter em mente a diferença das situações que se apresentam, a fim de encontrar soluções harmoniosas. Também existe o perigo de que as decisões concretas exijam uma longa espera. E uma longa espera significa que o impulso do amor em comum vai cedendo aos poucos, que a atração dos "laços" que unem cada um à sua antiga história volta a se intensificar e que ambos começam a se "afastar".

Para impedir que isso aconteça, pode ser útil esclarecer como poderia ser, na situação ideal, o cenário mais harmonioso de convivência almejado por ambos para seu relacionamento. Esboçar esse cenário e adorná-lo concretamente – por si só,

isso já é extremamente prazeroso, satisfatório e inspirador para o relacionamento. Quando, então, se tem esse cenário diante dos olhos, fica muito mais fácil formular os estágios de transição, que ainda não correspondem ao objetivo almejado, mas que já estão em vista. Quando se estipula a solução – que ainda não é ideal, mas é o verdadeiro cenário que se tem pela frente – como regra de transição, fica mais fácil vivê-la. Aliás, esse cenário deveria ser solidamente estabelecido de uma vez por todas. Nesse ponto, é útil dar margem à imaginação, pois o relacionamento amoroso entre Merlin e Viviane continua a se desenvolver, e o que parece absolutamente harmonioso em determinado momento, com o passar do tempo, pode variar e se modificar. Projetos concretos com estágios intermediários práticos, e ambos abertos a desenvolvimentos que ainda não podem ser previstos – essa parece ser a estratégia mais eficaz para controlar as diferentes fases de ambos no ciclo vital.

Contudo, às vezes Merlin terá a sensação de que já não tem tempo suficiente para essas soluções intermediárias e, de seu ponto de vista, para esses "desvios". Por certo, também é importante e legítimo levar essa sensação para o processo como um todo. Ao mesmo tempo, nesse momento Merlin sabe que está sendo confrontado com sua realidade, aquela da idade e da efemeridade da vida. E espera-se que ele esteja novamente preparado para soltar aquilo que não tem em mãos e segurar aquilo que existe no momento: seu amor por Viviane.

9

Filemon e Baucis

Como os casais
podem envelhecer
juntos sem que seu
amor se perca

De que trata este capítulo

Pode o amor continuar vivo na velhice? Não sofreria ele um desgaste inevitável com o passar dos anos, com o cotidiano, os hábitos e as pequenas manias do outro? A mitologia antiga relata a respeito de Filemon e Baucis, um casal de muita idade que não se torna vítima desse processo de erosão do amor. Pelo modo como um lida com o outro, é possível ler claramente o que é preciso para que o amor ao longo dos anos não se esvaneça, mas, ao contrário, torne-se mais maduro, profundo e feliz.

De um balneário italiano, marcou-me a seguinte imagem: na brisa morna da noite, no terraço de um *ristorante*, um casal de cerca de setenta anos se senta à mesa ao lado. Os dois têm vigor, são extremamente saudáveis, estão bronzeados e consomem um excelente prato. No entanto, quase não trocam palavras. Carrancudos, têm o olhar fixo diante de si ou se olham de relance e se mostram visivelmente irritados um com o outro. Ao que parece, nada mais têm a dizer. Outra imagem que ficou na memória: pego o trem e um casal aparentando aquela mesma idade embarca e se senta quase à minha frente. Irradiam algo completamente diferente. Quando o homem idoso diz alguma coisa à mulher, ela o olha diretamente nos olhos. Ele retribui seu olhar com um sorriso, e ela sempre concorda com suas palavras movendo a cabeça com ênfase. Depois, ambos olham pela janela e, sempre que notam alguma coisa que chama a atenção, voltam a se olhar, sorrindo e concordando com desvelo. Ela pega a mão dele, ele segura a dela, e assim passam um bom momento sentados lado a lado, virados um para o outro, amorosos e muito animados – no entanto, são muito mais frágeis que o casal idoso da costa adriática.

Duas imagens completamente diferentes, duas possibilidades de envelhecer juntos. Um casal dispõe de tudo de que precisa para viver, porém, como muitos casais de idade, perdem-se em um modo de existência que os deixa vazios. Voltam a um estágio "oral", quase da primeira infância, preocupam-se apenas com seu bem-estar físico, buscam o prazer da vida em um consumo passivo – e irritam-se mutuamente. Já não se olham nos olhos. O diálogo vivo entre ambos emudeceu, e por trás do silêncio se escondem ressentimentos e feridas não cicatrizadas. Que diferença em relação aos outros dois idosos! Estes mostram que também dá para ser diferente, que o amor na terceira idade também pode ser vivo – e que, aparentemente, não é preciso muito. Ambos me fizeram lembrar que na mitologia antiga existe um casal que representa esse amor na velhice e que não cede ao sabor do tempo. Trata-se de Filemon e Baucis, a respeito dos quais o poeta romano Ovídio narra em suas *Metamorfoses*. Eles nos conduzirão ao tema "O casal na velhice".

A história de Filemon e Baucis

Os deuses Júpiter e Mercúrio assumiram forma humana e chegaram à Frígia. Em muitas casas, pediram abrigo para passar a noite, mas não foram aceitos em parte alguma. Apenas em uma pequena casa um casal de idade os acolheu de maneira amigável e generosa, apesar de ser pobre. "Nessa casa, a velha e devota Baucis e seu companheiro Filemon, tão velho quanto ela, uniram-se em seu amor nos anos de juventude, envelhe-

ceram juntos e conviveram tranquilamente com sua pobreza, uma vez que a reconheceram e a suportaram de boa vontade." Com muito esmero, prepararam uma refeição, buscaram provisões há muito guardadas, aqueceram os pés de seus hóspedes com água morna, estenderam o lençol de festa sobre o leito, depois os convidaram à mesa e lhes ofereceram a comida em pratos de barro. De sobremesa, havia frutas doces. Dava gosto de ver como tudo era preparado. Ainda quiseram matar o último ganso, mas os deuses não deixaram e se revelaram como tais, fazendo com que o vinho no jarro nunca acabasse. Júpiter descarregou sua ira contra a infame vizinhança, fazendo com que as casas afundassem em um lago. Apenas a cabana hospitaleira de Filemon e Baucis permaneceu de pé. Dela foi feito um templo coberto de ouro e revestido de mármore. Ao casal idoso foi concedido o direito de fazer um pedido. Eles conversaram rapidamente, e então Filemon disse aos deuses: "Queremos ser sacerdotes e cuidar de vosso templo; e, como passamos a vida em harmonia, gostaríamos que ela terminasse para nós no mesmo instante, para que nem eu veja o túmulo de minha esposa, nem ela tenha de me enterrar". E assim aconteceu. Enquanto viveram, foram guardiões do templo, e quando, já curvados pela idade, estavam lado a lado diante dos degraus sagrados, viram um no outro que, de repente, deles brotava uma folhagem. Despediram-se enquanto o córtex já lhes cerrava a boca e se transformaram em árvores.*

---

* Segundo Ovídio, *Metamorfoses: o livro dos mitos e das transformações*. De acordo com a primeira tradução alemã em prosa por August Rode, retraduzida por Gerhard Fink. Zurique, Munique: Artemis Verlag, 1989, pp. 202-5.

Casais idosos hoje

A sociedade alemã encontra-se em um dramático processo de envelhecimento. Segundo estimativas cautelosas, em 2030, os habitantes economicamente ativos cairão a menos de cinquenta por cento da população, enquanto hoje ainda ultrapassam pouco mais de sessenta por cento. A população na faixa etária de vinte anos cairá a menos de vinte por cento, e aquela na faixa etária de sessenta anos subirá a um terço da população total. Portanto, a Alemanha está a caminho de se tornar uma "república velha". Isso deixa claro que será atribuída uma importância cada vez maior à fase da velhice na vida dos casais. Essa fase já não é a breve despedida ao final de uma jornada repleta de acontecimentos. Em virtude da expectativa de vida mais elevada e da significativa melhoria na saúde das pessoas mais velhas, em comparação com a média anterior, não é nem um pouco incomum que hoje um casal viva em boa forma física e mental como um "casal de idade" pelo mesmo tempo que conviveu como um "casal com filhos" na devida fase familiar. A fase de sua velhice pode muito bem constituir um terço ou mais de toda a história que construíram juntos e, por essa razão, representar mais uma vez uma etapa bastante particular no ciclo de vida.

Esse já é motivo suficiente para o sentido da vida em comum não se exaurir apenas na vida em família e na existência voltada aos filhos, e para a "finalidade" do casal não ser apenas a prole, mesmo que já tenha criado vários filhos. Por conseguinte, a independência do relacionamento entre os parceiros e seu amor vivo um pelo outro também adquirem importância para ambos na velhice. Quando sua relação amorosa se extin-

gue ou quando, talvez de forma imperceptível no funcionamento da família, já se extinguiu há muito tempo, falta aos velhos companheiros um fundamento essencial para permanecerem juntos. Também nesses casos cresce o número de divórcios. E mesmo que na fase da velhice eles não ocorram com tanta frequência quanto entre os parceiros mais jovens, o sofrimento e a solidão em parceiros idosos costumam ser grandes, pois, se as crianças que preencheram sua vida já não estão presentes, se já não precisam se preocupar em construir uma existência material nem têm tarefas profissionais, seu convívio passa a carecer de alma e sentido. E não raro começam, então, a se assemelhar aos parceiros da costa adriática que mencionei no início: carrancudos, desiludidos e cheios de ressentimentos, levam a vida um ao lado do outro.

Como parceiros idosos conseguem permanecer juntos como o casal que vi no trem? Em grande medida, o casamento em gerações passadas era mantido por tudo, menos pelo amor recíproco entre os cônjuges. Nos contos de fadas, nos mitos e na literatura, com frequência encontramos representada apenas a situação inicial, a fase do enamoramento entre pessoas jovens. Para um amor vivo de vários anos, para o amor em relacionamentos duradouros, temos apenas poucos modelos e exemplos. Filemon e Baucis são uma exceção. Embora não saibamos muito a respeito deles, a informação que nos chega parece-me tão importante que vale a pena observar sua história com mais detalhes.

Segundo Ovídio, eles "se uniram por amor nos anos da juventude" e "envelheceram juntos". Dizem que "passaram a vida em harmonia"; por isso, pedem a Zeus e Hermes que também possam terminar a vida "no mesmo instante". No final,

quando já estão se transformando em árvores, "ainda trocam algumas palavras enquanto ainda era possível", e seus últimos dizeres, pronunciados ao mesmo tempo, são: "Adeus, amor da minha vida!" Com essas poucas palavras, um profundo sentimento de carinho nos comove, bem como um amor igualmente profundo e arrebatador. Como eles conseguiram envelhecer juntos?

Por riqueza é que não foi. Filemon e Baucis são descritos como muito pobres. Sua casa é uma cabana coberta de palha e, por sua pobreza, distingue-se das outras casas pouco hospitaleiras do local, a cujas portas os dois deuses bateram em vão. Possivelmente, Ovídio também mistifica um pouco a pobreza, tal como costumavam fazer os poetas em tempos remotos. Quando se vê a miséria tão de perto quase todos os dias, por meio da mídia, chega-se a suspeitar da descrição de Ovídio. Contudo, essa descrição contém a indicação, já válida anteriormente, de que o bem-estar elevado em termos de quantidade não atrai por muito tempo uma alta qualidade de relacionamento. Esse bem-estar depende de outra coisa, e essa é a mensagem do conto. E depende do quê? O conto revela diversos fatores, que destaco em seguida.

Sinceridade com o que vem de fora

A primeira coisa a chamar a atenção é que Filemon e Baucis não se fecham para o que vem de fora. Deixam que "o mundo", na forma dos dois forasteiros que vêm de longe, entrem em sua pequena cabana. Não permanecem como meros espectadores em suas quatro estreitas paredes, como hoje fazem muitas pessoas de idade, que já não saem da frente da televisão.

Aceitam o contato pessoal. Com isso, já nesse momento, muito antes que sua cabana se transforme em templo, seu horizonte se expande para além de sua pequena e modesta vida.

Casais de idade geralmente tendem a se fechar e a se tornar meros espectadores dos acontecimentos ao seu redor. Filemon e Baucis agem de modo diferente. Talvez também sejam um pouco curiosos. Querem viver algo mais. Certamente, essa também é uma de suas motivações para acolher os dois interessantes forasteiros. Essa curiosidade é sinal de vitalidade. Ela os faz ter contato com os acontecimentos externos. O decorrer da história mostra que esse contato traz muita intensidade, tensão e riqueza para a vida deles. Ambos os forasteiros lhes abrem um novo mundo!

Abrir-se e deixar-se envolver por outras pessoas são ações que poderiam fazer com que casais idosos superassem a própria solidão e, assim, conferissem uma nova riqueza a seu relacionamento. Por que não costumam fazer isso, mesmo quando ainda é possível do ponto de vista físico e mental?

Consciência de si e consideração pelo outro

"Quem vai se interessar por nós?" Essa é uma declaração que se ouve com frequência de casais de idade ou que, pelo menos, neles se percebe. Ela contém uma boa porção de autodepreciação. Quando alguém se autodeprecia, começa a se fechar e a irritar quem está por perto. De onde vem essa autodepreciação, observada especialmente em pessoas de idade? Entre outras coisas, ela certamente é um reflexo da depreciação da sociedade em relação à velhice, depreciação essa que

é uma característica de nossa sociedade atual. Se hoje muitas empresas já consideram pessoas com trinta e cinco anos velhas demais e preferem se livrar delas "terceirizando-as" ou até aposentando-as, isso me parece um sintoma da depreciação. Os efeitos que essa atitude causa na autoestima das pessoas mais velhas não devem ser menosprezados. Em Filemon e Baucis, vê-se que a situação é bem diferente. Eles não se perguntam se são interessantes para os hóspedes. Pela maneira evidente como os recebem, servem e os entretêm, percebe-se que possuem uma consciência natural, forte e inquestionável de si mesmos.

Sem dúvida, ambos tiveram mais facilidade em sua época para desenvolver e conservar uma autoconsciência como essa. O velho mundo estimava a velhice por sua experiência, que era necessária para que as gerações seguintes conseguissem dominar a vida concreta. Hoje, no tempo das mídias eletrônicas, que continuam a se desenvolver em ritmos cada vez mais acelerados, os velhos já não acompanham as evoluções. Atualmente, é o neto quem deve mostrar ao avô como utilizar o computador, caso este se arrisque a experimentá-lo. Para essa forma de conhecimento da vida, as pessoas mais velhas estão cada vez mais *out*. Contudo, o domínio da vida é entendido em um sentido totalmente parcial e técnico. Do ponto de vista mais abrangente e holístico, será que não precisaríamos da experiência de vida dos mais velhos tanto quanto antigamente? Não precisaríamos urgentemente de pessoas que já possuem certa distância dos acontecimentos cotidianos e que dispõem de um bem precioso, o tempo, que hoje nos falta cada vez mais? Pessoas que têm tempo para ouvir aquelas que ainda estão ocupadas em "reger o mundo" – como Zeus e Hermes na história

186

–, para colocar-se em seu lugar e acolhê-las com compreensão? Hoje, muitos indivíduos estressados precisam com urgência dessa qualidade, e pessoas de idade deveriam ter consciência de que são capazes de oferecê-la porque dispõem de tempo, espaço, hospitalidade, humanidade, compreensão e solidariedade...

Essa autoconsciência, que se mantém mesmo na velhice pela consciência do próprio valor, provoca alguns efeitos na qualidade do relacionamento: quando uma pessoa se sente bem e forte, não desvaloriza o parceiro ou a parceira. Quando tem respeito por si mesma, também vê o outro com consideração e respeito. Filemon e Baucis conservaram claramente essa consideração mútua. Em toda a história, não aparece nem uma única vez uma palavra depreciativa sobre o outro, algo que acontece com frequência quando não se estima o parceiro ou a parceira. Fala-se a terceiros do parceiro, sempre em detrimento do amor. Em contrapartida, a estima que se conservou reciprocamente durante um relacionamento de anos é um elemento central de um amor vivo.

Uma boa equipe

No modo como tratam os dois forasteiros, pode-se observar o que tampouco pode ser subestimado em relação ao amor que se estende até a velhice: Filemon e Baucis se revelam uma equipe que funciona muito bem. E parece funcionar sem que precisem combinar antes. Filemon coloca o banco, Baucis estende a coberta. Ela acende o fogo, ele busca verduras na horta e pega o toucinho que está pendurado na viga – e assim prosseguem ao longo de toda a narrativa. Uma coisa engrena na

outra, até que, no final, a refeição está pronta sobre a mesa, até hoje dando água na boca de quem lê sua descrição.

Muitas vezes, casais desgastam seu amor porque não cooperam. Não há diálogo nem sintonia, suas atividades momentâneas não engrenam umas nas outras, e as ocasiões para que se irritem um com o outro se acumulam aos milhares. A longo prazo, obviamente isso enfraquece o amor. No entanto, uma boa cooperação cria vivências conjuntas de sucesso, e estas, por sua vez, criam o sentimento de que, juntos, conseguem realizar alguma coisa ou até de que são invencíveis! Entre outras coisas, a colaboração faz com que um se torne cada vez mais atraente para o outro. O parceiro sente prazer com o outro e nutre a boa opinião que tem dele; sente-se apoiado por ele e nele confia. Igualmente importante é o fato de que, entre as duas pessoas de idade, isso faz com que surja aquela atmosfera de bem-estar que se mostra de modo tão impressionante nessa história.

Um desejo em comum

A abertura consciente de nosso velho casal para o ambiente externo e sua boa colaboração contêm duas outras dimensões que me parecem características do amor de Filemon e Baucis. A primeira é a dedicação conjunta a um terceiro. Os dois idosos se abrem para os forasteiros não apenas por curiosidade e interesse, mas também visando a seu engajamento conjunto. A partir desse momento, uma vez que acolhem os visitantes, Filemon e Baucis têm um objetivo, uma missão e um desejo em comum. Pela descrição de Ovídio, percebe-se o quanto isso os anima. Tornam-se falantes, ativos, buscam a boa louça e a

melhor toalha de mesa, colhem da horta o que ela produz e, como por encanto, servem uma maravilhosa refeição.

Não é dito se eles têm filhos, porém, frequentemente, esse é um problema dos casais de idade: enquanto tinham filhos para cuidar e acompanhar, tinham uma tarefa em comum, que também era importante para o amor mútuo. Ela gerava a união e, muitas vezes, não apenas isso. Se ambos encontraram alegria na paternidade conjunta, se um conseguiu estimar o outro tal como ele ou ela era pai ou mãe, essa também foi uma importante razão para ambos se respeitarem como homem e mulher. Parece ser uma lei fundamental do amor de um casal o fato de que, após a fase do primeiro enamoramento, na qual cada um só enxerga o outro e se sente fascinado por ele, a mudança precisa se dar na mesma direção. É preciso ter perspectivas em comum para que o amor permaneça vivo por muito tempo. Entretanto, no caso dos parceiros idosos, depois que os filhos saem de casa, a vida de ambos quase já não tem nada em comum com a vida de um casal. Ainda voltados a viver exclusivamente para os filhos, agora sua vida recebe algo de irreal e ilusório, saindo de seu aqui e agora como casal de idade. Contudo, na maioria das vezes, uma "terceira coisa" não aparece, e assim surge o perigo de que caiam na passividade e na rotina. Por isso, casais de idade precisam de novos objetivos, novos desejos em comum que inspirem novamente seu amor.

O risco para muitos casais de idade é que, quando há uma "terceira coisa" em sua vida, eles lhe atribuam um valor "muito pequeno", por exemplo, quando fazem compras ou refeições juntos ou quando juntos assistem à televisão, quando cuidam exclusivamente e talvez de maneira muito temerosa

da saúde e assim por diante. No entanto, o que preenche a vida, o que dá ânimo ao amor e o conserva, precisa ser algo que, em si, tenha valor. Precisa ser alguma coisa que inspire e fascine, que preencha a vida de sentido e anime, tornando os parceiros novamente atraentes um para o outro. Pessoas de idade que se sentem satisfeitas e fascinadas por desejos e tarefas em comum correm menos risco de se irritarem umas com as outras ou de cuidarem de seus achaques com hipocondria.

Muitos analistas da sociedade atual são da opinião de que, em virtude de nosso desenvolvimento econômico e social, no futuro não conseguiremos prosseguir sem uma revitalização do voluntariado. Se continuarmos a abandonar cada vez mais a iniciativa própria, como parece ser atualmente inevitável, entre outras coisas isso também significa que o poder público deixará cada vez mais de se preocupar com as tarefas da comunidade, simplesmente pelo fato de que – também em virtude dos impostos que retrocedem – o dinheiro já não será suficiente. Por outro lado, o número de pessoas que deixa de ser economicamente ativa será cada vez maior, enquanto sua saúde permanecerá estável graças aos progressos da medicina e em consequência de seu modo de vida mais saudável. Portanto, nesse sentido, Filemon e Baucis poderiam ser um modelo para muitos casais em processo de envelhecimento: duas pessoas que cuidam de terceiros. Duas pessoas que saciam os famintos e revigoram os cansados; que acolhem os rejeitados e os cercam de cuidados; que estão prontas para conversar, para que os frustrados possam se livrar de suas preocupações. Talvez também duas pessoas que se colocam à disposição para dar conselhos àquelas que ainda estão sobrecarregadas com toda a responsabilidade que o mundo exige, como os dois deuses da história, que, esgotados, se instalam na casa dos idosos.

Com isso, obviamente não quero dizer que casais de idade devam se extenuar ou até se deixar explorar pelos outros. Além disso, é perfeitamente possível conceber modelos segundo os quais tal engajamento também pudesse receber um reconhecimento material, pelo menos indireto. Entretanto, geralmente não há barreiras nesse caso. Muitas vezes, faltam aos casais mais velhos ideias, coragem e iniciativa para tomar esse rumo. Porém, quando conseguem fazê-lo, costumam experimentar uma espécie de revitalização e se sentir recompensados, mesmo quando aparentemente pouco ou nada recebem em troca, uma vez que a recompensa mais importante está no próprio fazer, ou seja, na experiência de que o fazer em conjunto restitui sentido e vitalidade a nosso ser comum.

Na história, isso é expresso de maneira bastante evidente: Filemon e Baucis são generosos ao servir seu vinho aos hóspedes. De repente, percebem que o jarro não se esvazia. O vinho que servem não se torna escasso, mas cada vez mais abundante. Essa "incrível multiplicação do vinho" simboliza de maneira impressionante a seguinte experiência: se sou generoso ao dar, também recebo com generosidade. Isso vale não apenas para o engajamento social. Quando me dedico a alguma coisa que em si tem valor, sou contemplado por ela. Pode ser um engajamento artístico, religioso, político em comum ou coisa semelhante. O vinho se multiplica quando sou generoso ao servi-lo. A questão é: Será que casais de idade encontram energia para tanto? Conseguiriam sair do caminho já percorrido? Filemon e Baucis são um exemplo impressionante disso.

A dimensão divina

Em um sentido mais profundo, a terceira coisa em comum desempenha no relacionamento de Filemon e Baucis um papel significativo: na vida de ambos está presente uma dimensão transcendental. Além do fato de que a história da multiplicação do vinho evoca a passagem bíblica das bodas em Caná, no Evangelho segundo são João (Jo 2,1-12), há para mim outra semelhança surpreendente com um texto do Novo Testamento: no Evangelho segundo são Lucas (Lc 24,13-35), os discípulos de Emaús servem um "forasteiro" e durante a refeição reconhecem nele Jesus ressuscitado. Do mesmo modo, Filemon e Baucis servem dois forasteiros e, graças ao milagre do vinho, reconhecem neles os deuses.

Talvez aqui se expresse, tal como na narrativa bíblica dos discípulos de Emaús, uma típica experiência religiosa, não ligada a limites confessionais. O casal de idade participa integralmente do que lhes agrada no aqui e agora. A isso eles se abrem por meio do amor. Sem se preocupar com o modo como os outros habitantes da aldeia lidam ou lidaram com a situação e sem calcular nem ponderar, fazem o que "interessa" naquele momento: doam não apenas *alguma coisa*, mas também de si mesmos e, do modo como o fazem, essa doação é clara. É com essa experiência que os dois forasteiros são percebidos como "deuses". Segundo o que todas as escolas espirituais experienciam, quem consegue estar "presente" nesse instante tem acesso à dimensão divina da nossa realidade: "O instante é meu, e, se cuido bem dele, é meu o que o tempo e a eternidade fizerem", diz o verso de Andreas Gryphius. Provavelmente essa é a experiência em comum descrita pelos discípulos de Emaús,

bem como por Filemon e Baucis. Nela fica claro que a religião é algo diferente de uma "superestrutura" em que primeiro temos de nos "familiarizar" com a ascese e a renegação da compreensão. O aspecto religioso surge em nossa vida quando estamos prontos para nos abrir inteiramente a ele. Para o casal de idade, esse aspecto gera o apoio de que precisam para conseguirem se aproximar da morte iminente.

Filemon e Baucis foram tão profundamente tomados por essa experiência que pedem aos deuses para se tornarem sacerdotes do templo em que sua cabana é transformada. A partir desse momento, já não conseguem imaginar uma vida sem a inserção consciente do horizonte divino. Ambos querem se tornar sacerdotes que servem a outras pessoas no local sagrado em que foi transformada sua cabana, para igualmente entrar em contato com essa dimensão abrangente da vida.

Portanto, não se trata apenas de uma interioridade espiritual na qual querem se retirar a partir de então. Eles veem nessa oportunidade uma nova missão na vida, em prol das pessoas. Fazem do que experimentaram seu desejo em favor dos outros: tornam-se sacerdotes no templo dos deuses. As pessoas de hoje são cada vez menos atraídas pelas formas predeterminadas dos rituais eclesiásticos e da vida paroquial, a menos que nelas sintam uma experiência espiritual e viva. Dentro e fora das igrejas concebidas, é necessário transmitir a todas as pessoas essa experiência viva e espiritual e saber conduzir a ela. Tal como relatado por Filemon e Baucis, o fato de passarem essa experiência adiante e assim se tornarem "guardiões do templo" também poderia constituir uma missão dos casais de idade, que intuem a dimensão do divino quando buscam sentido e se ocupam de sua própria finitude.

Talvez para nós, hoje, ainda haja uma indicação importante na história: trata-se de um casal que assume uma função sacerdotal, a missão de conduzir e acompanhar espiritualmente. O aspecto religioso já não aparece no espaço segregado e "sobrenatural" do sagrado, pelo qual também é responsável um sacerdote segregado e, possivelmente, celibatário. Não, aqui a missão espiritual é assumida por um casal "totalmente comum", unido no amor. Com isso, a divisão "natural/sobrenatural", "divino/humano", "sagrado/profano" parece ser abolida. O amor erótico do casal ampliou-se para o amor ao próximo e para o amor espiritual, atingindo sua maturidade última e mais profunda. Eles passam adiante essa experiência – tal como o Bodisatva, o iluminado do budismo, que não guarda sua iluminação para si, mas vai com ela "ao mercado" para servir outras pessoas e acompanhá-las em seu caminho.

Contando a própria história

Uma última coisa me parece digna de ser mencionada. A narrativa relata como Filemon e Baucis permanecem diante dos degraus do templo, "curvados pelo peso de seus anos" pouco antes de sua morte, e conversam "sobre o destino do lugar, que sofreu tantas mudanças". É emocionante a imagem de ambos perante a morte, no local em que ainda atuam, fazendo uma retrospectiva do que aconteceu ali e do que viveram juntos. Consideram com complacência sua obra conjunta e sentem a profunda riqueza de sentido de seu longo relacionamento. Isso os preenche de tal maneira que, como últimas palavras de sua vida em comum, conseguem dizer um ao outro: "Adeus, amor da minha vida!" Pouco antes da morte, os dois idosos falam um ao outro como dois recém-apaixonados. No entanto,

o que se manifesta ali não é a primeira paixão fugaz do enamoramento, mas a experiência de longos anos de vida em comum, bem como da grande riqueza de vivências neles contida.

Quanto mais o casal envelhece, tanto mais deve olhar para sua história passada e tanto mais profunda deve ser essa retrospectiva. Há uma razão simples para isso: nos "destinos cheios de mudanças" de que fala a história está contida toda a riqueza da vida que tivemos. Neles há muita coisa que realizamos, criamos, vivemos e que nos foi dada. Quando falamos a respeito, essas coisas voltam a aflorar do passado, reanimam-se no presente e são sentidas como tesouros que acumulamos ao longo do tempo. Contá-las ao outro significa abrir o baú e nos enfeitarmos reciprocamente com as preciosidades que nele se encontram. Assim, o passado volta a se transformar em presente e nos torna conscientes do que temos juntos.*

Mas então por que tantos casais de idade evitam conversar a respeito e alegrar-se novamente? Porque justamente nos "destinos cheios de mudanças" também está contida outra coisa. Neles, nem tudo foi bom, houve períodos obscuros e, provavelmente, acontecimentos ruins. Por isso, muitos casais de idade evitam a retrospectiva. Não conseguem alcançar o que almejam, pois o que evitam não desapareceu. Sem que se note e "por baixo do pano", isso continua a agir e, quando os parceiros não conseguem chegar a uma reconciliação, isso envenena o amor, como acontece com muitos casais de idade, que já não têm o que dizer um ao outro e passam a vida juntos e carrancudos.

---

* Cf. a respeito Rosemarie Welter-Enderlin, *Wie aus Familiengeschichten Zukunft entsteht. Neue Wege systemischer Therapie und Beratung*. Freiburg, Basileia, Viena: Verlag Herder, 1999.

Não temos poder para mudar o passado, mas temos a capacidade de transformá-lo e fazer dele uma fonte de amor, mesmo que esse passado tenha sido ruim. Contudo, isso só acontece quando nos apresentamos a ele e dele nos ocupamos. Para tanto, temos de contar um ao outro a história de nosso casamento, tal como cada um de nós a vê, com os vestígios que ela deixou em cada um, e ouvir um ao outro com atenção, questionando-nos e posicionando-nos a respeito.

Pode acontecer de, sozinhos, não conseguirmos fazer isso tão bem, de nos atrapalharmos e revivermos antigas decepções e mágoas. Justamente por isso muitos evitam conversar sobre o passado em comum. Tenho a impressão de que, nesse momento, seria extremamente sensato que casais de idade também aceitassem ajuda terapêutica. Muitas vezes, isso é necessário para que um novo olhar para e "por trás" do passado se torne possível. Quando isso dá certo, começamos a ver as coisas sob uma nova luz, a entender e a perdoar. Então, mesmo o peso do passado em comum se transforma no tesouro precioso que nutre nosso amor – exatamente como ilustra a história de Filemon e Baucis: a retrospectiva em comum da história cheia de mudanças possibilita que ambos se chamem de "amor da minha vida", como se estivessem novamente apaixonados um pelo outro.

Diante dos degraus do templo, eles fazem uma retrospectiva de seu destino cheio de mudanças e de tudo que criaram e produziram juntos, e se despedem com uma última declaração de amor – eis uma imagem comovente, pacífica e repleta de esperança, além de profundamente carregada de sentido. Um amor antigo é capaz de alcançar a maturidade e a profundidade em grau máximo!